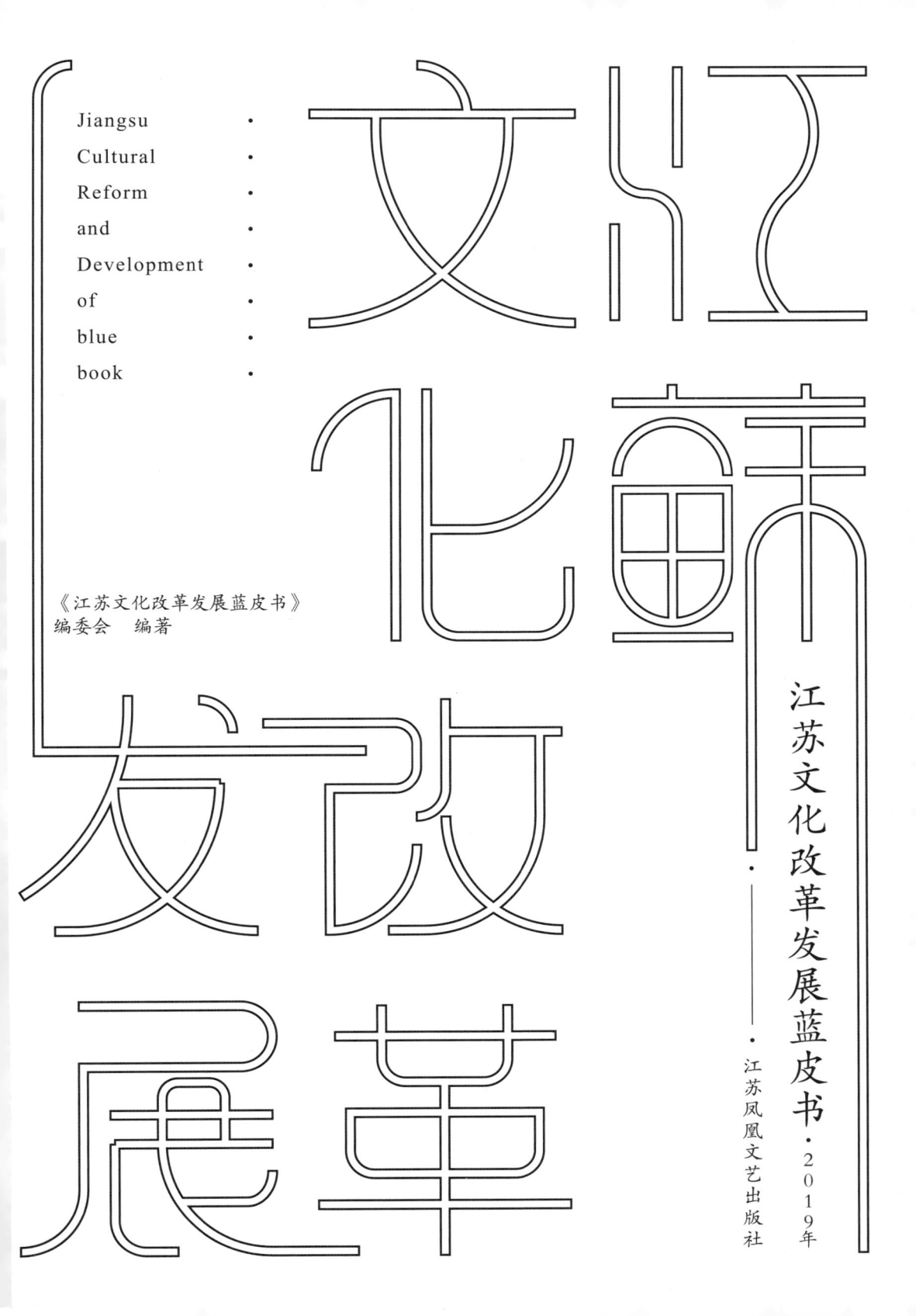

Jiangsu
Cultural
Reform
and
Development
of
blue
book

江苏文化改革发展

《江苏文化改革发展蓝皮书》
编委会　编著

江苏文化改革发展蓝皮书·2019年·江苏凤凰文艺出版社

编委会

名誉主任

王燕文

主　任

徐　宁

委　员

郑跃奇　徐　缨　李贞强　张学才　汤明海

徐子敏　蒋　洪　周毅彪　刘亚军　赵　光

梅仕城　吴震强　刘大威　姜　昕　杨志纯

杨卫东　缪志红　周国强　聂振平　周柏柯

陆意琴　郭大勇　水家跃　韩松林　双传学

卜　宇　梁　勇　王国中　郑泽云　盛　蕾

陈　勇　袁　飞　冯其谱　徐光辉　金　洁

陆卫东　腾　雯　周　毅　吴晓丹　孙晓南

常胜梅　赵正兰　李广春　李向民　顾　江

策划编辑

吴麟童　王明珠　王　晨　章　程

严智忠　王春山　沈　亮　王　洁

苗啸雷　陈　肖　周玉龙

执行编辑

钱志中　韩顺法　赵素锦　姜照君　杨　屏

袁　玥　徐　堃　杨　昆　戴中保　陶蓉蓉

贺　达　王文姬　陈亚兰　孙　悦　张苏缘

陈　鑫　季文婷　任文龙　张　星

前言

江苏是改革开放和社会主义现代化建设的前沿阵地，改革开放四十年来，江苏持续扎实推进文化领域的体制和机制改革与创新，历届省委省政府励精图治，接力奋进，文化大省向文化强省稳步迈进。党的十八大以来，省委省政府抓好制度顶层设计，树立建设"强富美高"新江苏的目标，不断深化文化体制改革，突出重点难点，统筹谋划推进，不断完善文化宏观管理体制，深入推进国有文化经营单位的转企改制，全面实施国有文化企业两个效益相统一，大力促进"文化+"战略实施，在文化科技融合、文旅融合、媒体融合等方面出台了系列政策，努力构建现代公共文化服务体系，积极传承中华优秀传统文化，文化改革为江苏文化发展释放了活力，增强了动力，江苏文化产业保持稳步增长，艺术创作精品不断涌现，文化强省建设迈上新台阶。

2018年，省委召开全省宣传思想工作会议，制定出台《关于推动文化建设高质量走在前列的工作方案》，拓展深化了文化建设的内涵，明确提出要建设"三强三高"文化强省新目标，即文化引领和凝聚力强、文化事业和产业强、文化人才队伍强，以及构筑思想文化引领高地、道德风尚建设高地、文艺精品创作高地。站在历史潮头，江苏需要深入全面总结文化改革的成功经验，认真梳理文化改革发展中面临的问题，才能为江苏文化高质量发展提供不竭的思想动力和智慧源泉。因此，由江苏省委宣传部牵头，依托省有关部门和设区市委宣传部，委托江苏省新型高端智库"紫金文创研究院"具体负责编撰《江苏文化改革发展蓝皮书.2019年》(简称《蓝皮书》)。《蓝皮书》在架构上设立了总报告、行业报告、区域报告、企业改革报告、案例选编等，力求能够全面反映江苏文化改革发展的情况。作为年度的文化改革发展工作的总结性报告，《蓝皮书》既是对上年度江苏文化改革发展成果经验的总结，也是提出下一步推动文化改革发展的思路举措。《江苏文化改革发展蓝皮书.2019年》在总结2017年、2018年工作经验的基础上，对江苏近年来的文化改革发展也做了一定追溯，以便能够较为完整地反映江苏文化改革发展的历史和现状。

文化改革发展牵涉面广，涵盖的问题多，既包含文化事业建设，又包含文化产业发展，既包括公共文化服务体系建设、传统文化传承发展，又包括文化科技、文化金融、文化创意、对外文化贸易等相关方面政策，既有城市文化发展问题，又有乡村文化建设任务。为做好《蓝皮书》编撰工作，各相关部门共同努力，深入基层一线，掌握第一手资料数据，努力把《蓝皮书》持续编撰好，客观、精准、凝练地反映江苏文化改革发展情况，为省委省政府以及各级政府部门提供决策咨询依据。

本书课题组
2019年6月

目录

壹 总报告：江苏文化改革发展回顾与总结

文化体制改革不断深入 ·············2
全面推进公共文化服务的均等化 ·········6
以文艺精品创作机制改革推动文艺创作高地建设 ··8
以文化供给侧改革推动文化产业高质量发展 ····11
对外文化交流不断拓展 ············13

贰 行业报告篇

新闻信息服务业改革发展报告 ·········16
出版服务业改革发展报告 ···········27
影视业改革发展报告 ·············32
演艺行业改革发展报告 ············43
非物质文化遗产保护报告 ···········52
文博业改革发展报告 ·············59
文化旅游业改革发展报告 ···········75

叁 区域篇：江苏十三地市文化改革发展报告

南京市文化改革发展报告 ···········94
无锡市文化改革发展报告 ···········100
徐州市文化改革发展报告 ···········107

常州市文化改革发展报告··············114
苏州市文化改革发展报告··············121
南通市文化改革发展报告··············128
连云港市文化改革发展报告·············134
淮安市文化改革发展报告··············141
盐城市文化改革发展报告··············148
扬州市文化改革发展报告··············154
镇江市文化改革发展报告··············160
泰州市文化改革发展报告··············167
宿迁市文化改革发展报告··············173

· 肆　文化政策篇 ·

江苏省文化政策发布情况···············180
文化经济政策清单和主要内容摘编··········183

· 伍　企业篇：国有文化企业"两效统一"报告 ·

新华报业传媒集团"两效统一"报告··········194
省广播电视总台（集团）"两效统一"报告·······199
凤凰出版传媒集团"两效统一"报告··········205
省广电有线信息网络股份有限公司
"两效统一"发展报告················209

省演艺集团"两效统一"报告·············214
省文化投资管理集团"两效统一"报告······220

·陆 案例篇·

苏州新设院团探索理事会法人治理结构·····228
南京市大力推进文化金融普惠文化企业·····230
南京、苏州创新文化消费试点模式·······233
无锡全力打造国家文化出口基地········235
戏曲现代戏创作的"盐城现象"········238
江苏深化文化市场"放管服"改革·······241
译林出版社：坚持两效统一 探索可持续发展之路··244
《现代快报》：制度创新 加快媒体融合发展·····247
省广电网络开发"有线宝"探索融合发展新路径··251
省文投集团开展职业经理人制度试点······254

后记················257

壹

江苏文化改革发展·总报告：回顾与总结

改革开放以来，江苏在全国率先推动文化体制改革，以文化体制与机制改革为驱动，建立健全文化市场体系，不断健全和完善公共文化服务体系，努力推进文化艺术精品创作高地建设，积极实施文化供给侧结构性改革，推动江苏文化产业高质量发展。

文化体制改革不断深入

一是江苏全面推进文化体制和机制改革，不断深化改革攻坚。1996年，江苏提出建设文化大省目标。2001年，江苏制定了文化大省"十年发展规划"，推动政事分开、政企分开，成立了广电、出版、报业、演艺四大集团，实现管办分离，培育市场主体。2004年，江苏推动文化事业单位转企改制，在国有文化资产监管体制机制方面积极探索，不断推进公益性文化事业单位深化内部用人制度、收入分配制度和社会保障制度改革、文化行政管理体制改革和文化市场综合执法改革试点工作，完成了经营性文化单位转企改制、广电制播分离和网络整合等重点改革任务，为江苏文化发展奠定了制度基础，激发了江苏文化快速发展的活力。2006年，江苏提出从文化大省向文化强省跨越。2011年，根据《中共中央关于深化文化体制改革 推动社会主义文化大发展大繁荣若干重大问题的决定》，江苏明确了文化凝聚力和引领力强、文化事业和产业强、文化人才队伍强的"三强"目标。2015年6月，省委、省政府出台《关于推动文化建设迈上新台阶的意见》。2017年12月，省委十三届三次全会明确了"文化建设高质量"目标，强调要坚定文化自信、打造文化标识、讲好江苏故事、建好精神家园，把文化强省建设推向新的高度。对照党的十九大报告关于文化体制改革要求，江苏制定实施推进了规划方案，对文化领域改革文件江苏落实情况开展重点督察，组织《江苏省"十三五"文化发展改革规划》中期评估，推动文化发展改革重点任务落实。2018年10月，省委召开全省宣传思想工作会议，制定出台《关于推动文化建设高质量走在前列的工作方案》，丰富了文化建设的内涵，在构筑思想文化引领高地、道德风尚建设高地的基础上，明确了构筑文艺精品创作高地新目标，从过去的"三强两高"到现在的"三强三高"。省委统筹推进新时代文明实践中心和县级融媒体中心建设试点工作，制定出台实施意见，强化总体设计，推动资源整合，开拓了加强基层工作的新路径。对接国家战略，江苏在打造大运河文化品牌、江南文化品牌、"一带一路"原创文化交流品牌上实现新突破。2018年，省委省政府制定实施文化人才三年行动计划和"名师带徒"工作方案，为文化建设高质量发展提供强有力的智力支撑和人才保障，落实深化党和国家机构改革的部署要求，完成宣传文化单位改革转隶组建工作。全省13家设区市全部完成"同城一支队伍"文化市场综合执法改革，文化领域行业组织建设和管理进一步增强，并深入开展了文化类"山寨社团"清理整顿专项行动。国有文化资产监管体制机制更加健全，出台了省级文化企业及重要子企业重大事项管理办法，改善了监管方式、优化管理措施。

二是推动政府职能转变，做大做强市场主体，坚持社会效益为主，实现"两效统一"。十八大以来，江苏进一步理顺了市场和政府的定位，多措并举，激发文化创新创造活力，推动江苏文化整体实力和竞争力显著提升。首先，是深化国有文化企业公司制股份制改革，总结推广职业经理人制度试点经验，研究制定国有文化企业工资决定机制管理办法，强化国有文化企业党建。江苏省委不断深化文艺院团改革，推动省演艺集团深化改革政策措施落实落地，制定出台了全省文艺院团深化改革实施意见，院团改革发展"苏州现象"受到中央有关领导和中宣部充分肯定。同时，经营类文化事业单位改革不断深化，8家经营类文化事业单位中非时政类报刊完成改革。其次，是深化文化事业单位改革，推动公共图书馆、文化馆、博物馆建立法人治理结构和理事会。再次，是做大做强市场主体，加强文化微观运营主体的"两效统一"。十八大以来，江苏持续健全完善"两效统一"的文化企业社会效益考核评价机制，始终把社会效益放在首位，实现"两个效益"统一。各省委文化企业先后设立了可量化的指标体系，不断加强企业党建工作，实施"两效统一"的保底政策。江苏省统计局近期对全省6市59家国有文化企业调查显示，各家企业在内部运行机制上，都明确体现出了社会效益第一、社会价值优先的经营理念。新华报业传媒集团、省广电集团、凤凰出版传媒集团等持续做大做强，规模和影响力在全国同类传媒集团中名列前茅。全省广电网络实现"一省一网"，江苏有线、幸福蓝海A股上市，江苏文投集团暨江苏大剧院运营管理公司成功组建运营。媒体深度融合，交汇点、荔枝新闻、ZAKER南京等融媒体影响不断扩大，精心打造全媒体平台和"中央厨房"。

三是全面推动"文化+"战略。省委宣传部等13个部门发布《关于促进文化科技融合发展的二十条政策措施》，以及《江苏省文化金融服务中心认定管理办法》《江苏省文化金融特色机构认定管理办法》《文化金融合作试验区创建实施办法（试行）》等一批含金量高的政策文件。2018年11月2日—11月4日，"中国（南京）文化科技融合成果交易会"在南京举办，这是全国首个也是唯一一个文化科技展览、展示、交易平台。科技部和中宣部等部门已先后评选认定了两批国家级文化和科技融合示范基地，南京作为全国首个科技体制综合改革试点城市，是第二批国家级文化和科技融合示范基地中评分最高的城市。大运河文化带建设高起点、高标准、高质量推进，成立了领导小组，组建研究院，编制相关规划，举办世界运河城市论坛，设立了文化旅游发展基金，组织架构和工作格局初步形成。首届长三角国际文化产业博览会、第五届"紫金奖"文化创意设计大赛产生广泛影响，中国网络文化产业园、网络文学谷、网络作家村挂牌成立，公共文化服务覆盖面和适用性不断提升，"书香江苏"建设向广度深度拓展。2018年全省文化产业增加值达到4400亿元，电影票房达到56亿元，位居全国第二。

全面推进公共文化服务的均等化

改革开放以来，江苏大力投入加强文化基础设施建设和优化文化基础设施的布局，逐步建立了标准化、均等化发展的公共文化服务体制和机制。一是创新公益性事业单位的管理体制机制，深化人事、收入分配、社会保障、经费保障等制度改革。二是提升公共文化设施服务效能，建好基层综合文化服务中心，健全考核评价体系，在综合配套、提升服务效率上下功夫。三是创新公共文化服务运行机制，加大政府采购，引导文化企业与社会组织投入。

截至2018年底，全省共有公共图书馆115个、博物馆322个、美术馆31个、文化馆115个、文化站1279个，其中国家一级图书馆、文化馆、博物馆的总数均居全国前列，全省广播、电视综合覆盖率均达到100%，位居全国第一。全省公共文化设施覆盖率达到95%以上，万人拥有公共文化设施1826.8平方米，基层综合性文化服务中心覆盖率达到47.95%，国家一级图书馆、文化馆、博物馆总数和有线电视用户总数均居全国之首。按照重点文化设施建设为龙头，以乡镇综合文化站达标提升为依托，以村综合性文化服务中心建设标准为重点，江苏大力促进公共文化设施高标准全覆盖。在全国率先推行乡镇文化站标准化建设，率先建成"省有四馆、市有三馆、县有两馆、乡有一站、村有一室"

的五级公共文化设施网络体系。南京图书馆、江苏省美术馆、江苏大剧院、南京博物院二期等一批重点文化设施建成使用。

公共文化服务继续完善。基层综合性文化服务中心建设深入推进，全省新建成基层综合性文化服务中心5910多个，全省共建成达9937个，2020年将实现全覆盖。全省地面数字电视覆盖网完成试运行，"高清江苏"工程扎实推进，应急广播体系建设加快推进，建成县级广播电视台节目共享平台。全面实施"六大阅读工程"，成功举办第十四届江苏读书节活动、第八届江苏书展、第八届江苏农民读书节，实施农家书屋提升工程，"书香江苏"建设不断深化。着力提升农村电影放映质效，在全省推广农村电影放映公示栏制度。为基层文化单位和院团配发流动舞台车20辆，武进区锡剧团、江阴市文化馆等11家单位荣获全国第七届"服务基层、服务农民"先进集体。中宣部等部门在徐州马庄村举办"我们的中国梦——文化进万家"启动仪式，省文联组织1.8万文艺志愿者"到人民中去"，惠及群众100万人次。镇江入选第四批国家公共文化服务体系示范区创建城市，常州组建300支"红色文艺轻骑兵"服务队。

以文艺精品创作机制改革推动文艺创作高地建设

一是创新国有院团体制与机制，激发院团的积极性和创造性，坚持改革与发展统一，完善政府投入方式，完善转制院团法人治理结构。

二是积极实施传统戏曲振兴工程，出台支持戏曲传承发展的《实施意见》，将江苏地方戏曲保护传承列入全省国民经济和社会发展"十三五"规划，推出一批原创剧目，复排一批经典剧目，启动以抢救性记录、数字化保护和数据库建设为内容的"记忆工程"，加强昆曲、淮剧、锡剧等传统戏剧扶持力度，使这些艺术瑰宝不断释放新的时代魅力。积极开展戏曲进校园活动，2018年制定出台《江苏省戏曲进校园实施方案》，完成江苏戏曲名作高校巡演40场。

三是加大艺术创作的投入，扶持文艺精品创作。改革开放以来，江苏广大文艺工作者坚持"二为"方向、"双百"方针，围绕党的十九大、建军90周年、庆祝改革开放40周年、国家公祭日等重要节点，积极创作推出叫好又叫座的优秀影视剧目和纪录片。一大批优秀电影、电视剧、纪录片、动画片和精品节目，获中国广播影视大奖、广播电视节目奖、电视文艺"星光奖"等全国性奖项，数量位居全国前列。创作推出《春天里》《秋之白华》《于无声处》《人间正道是沧桑》《我们的法兰西岁月》《白日焰火》，纪录片《你所不知道的中国》

《南京之殇》《外国人眼中的南京大屠杀》等精品影视剧；出台了《关于繁荣舞台艺术的意见》《关于加大资金投入繁荣美术创作的意见》，实施舞台艺术精品创作扶持工程、艺术创作源头工程和重大主题美术创作精品工程。一批重大主题的舞台艺术精品惊艳亮相。歌剧《运之河》在第二届中国歌剧节上一举荣膺6个奖项7个大奖，在欧洲巡演赢得广泛赞誉。歌剧《鉴真东渡》《拉贝日记》、舞剧《绣娘》、话剧《雨花台》、京剧《青衣》等优秀作品广受赞誉；"苏版好书"蜚声遐迩，荣获全国"五个一工程"奖、中国新闻奖、中国优秀出版物等奖项，数量位居全国前列。名篇佳作不断，长篇小说《推拿》《黄雀记》先后荣获第八、第九届茅盾文学奖。赵本夫、范小青、毕飞宇、叶兆言、苏童、周梅森、曹文轩等文学大咖驰名海内外。王尧等3位江苏作家荣获第七届鲁迅文学奖，范小青等6人荣获第三届"紫金文化奖章"，充分展现"文艺苏军"实力。为加快构筑文艺精品创作高地，2018年江苏又制定出台《江苏省文艺精品剧目剧本扶持办法》，修订完善《江苏优秀文艺成果奖励办法》，着力打造"紫金文化"活动品牌，整合"江苏文化艺术节"和"精彩江苏"艺术展演月为紫金文化艺术节，成功举办2018紫金文化艺术节和第二届紫金京昆艺术群英会，进一步壮大了"紫金文化"品牌队伍，提升了"紫金文化"品牌影响力和美誉度。近年来，江苏推出电视剧《江河水》、报告文学选《实践之树常青》、话剧《张謇》、昆剧《顾炎武》、淮剧《送你过江》《十品半村官》、吕剧《英雄之铭》、话剧《杨仁山》、滑稽戏《陈焕生的吃饭问题》、舞剧《记忆深处》、锡剧《大风歌》、苏剧《国鼎魂》、歌剧《二泉》、儿童剧《青铜葵花》等文艺精品，围绕王继才同志先进事迹宣传，创作推出了话剧《守岛英雄》、广播剧《海一样的承诺》、长诗《永远的承诺——来自开山岛的时代报告》、报告文学《海魂》《面对大海的诉说》、歌曲《守岛人》及主题国画油画等，扬剧小戏《夫妻哨》参加2019年新年戏曲晚会，受到中央领导同志肯定。在 2018 紫金文化艺术节期间，以庆祝改革开放 40 周年为主题，江苏举办了美术展、书法作品展、摄影艺术展、农民画优秀作品展和江苏文艺成果展等 6 大专题展览以及覆盖全省的 100 多项主题群众文化活动。2018 年，江苏先后组织第十三届省"五星工程奖"评选，举办首届扬子江网络作家周、首届江苏省网络文学原创作品大赛等活动，推进优秀传统文化创造性转化、创新性发展，实施博物馆振兴工程，组建《艺术博物馆》杂志编辑部，完成出版本年度杂志出版工作；依托南京名城会平台，举办国际博物馆馆长论坛、博物馆的历史专题展等，成功举办首届江南文脉论坛。

以文化供给侧改革推动文化产业·高质量发展

近年来，江苏省不断加大文化产业发展的推进力度，重点推动体制机制创新、结构业态优化、资本市场建设、产业集约集聚的全面发展，全省文化产业呈现出全方位、纵深化的良好态势。全省文化产业增加值从2012年的2330亿元，占GDP比重为4.31%，上升到2016年的3863.9亿元（位居全国第二），占GDP比重为5%。

从重点企业看，2017年，省属文化企业资产总额为1182.06亿元，同比增长2.2%，归属于母公司所有者权益规模为767.96亿元，同比增长3.23%；实现营业收入386.68亿元，同比增长13.41%，实现净利润46.84亿元，同比下降3.02%。凤凰出版传媒集团、省广电集团、江苏有线3家企业连续多届入选"全国文化企业30强"，幸福蓝海影视文化集团2017年首次入选30强提名企业。

江苏文化产业发展指数连续四年位居省域首位，涌现出一批在全国有影响的重点企业、园区和文化品牌，为培育国民经济重要支柱产业奠定了坚实基础。全省现有国家级文化产业实验园区1个，国家级文化产业示范基地16个，国家级动漫产业基地4个，国家级文化与科技融合示范基地3个，南京和苏州入选第一批国家文化消费试点城市，打造了南京文化科技融合博览会、苏州创博会、无锡文博会、常州动漫周等文化展会品牌。

2018年，江苏推动有关文化经济政策落实落地，文化供给侧改革成效显著；促进文化金融合作，组织认定发布第三批省级文化金融特色机构；扎实推进江苏文化产业大数据平台建设工作，组织举办全省文化产业高质量发展暨统计工作培训班，推动文化产业统计工作规范化；着力壮大市场主体，凤凰集团、江苏有线入围第十届"全国文化企业 30 强"，幸福蓝海获提名奖；认定发布第三届江苏省"民营文化企业 30 强"；主动对接"大运河文化带建设"国家战略，组织编制《大运河江苏段保护传承利用规划》《大运河国家文化公园江苏段建设规划》，组建大运河文化带建设研究院，筹建中国大运河博物馆，着力打造运河文化品牌；呼应长三角区域一体化国家战略，联合沪浙皖举办首届长三角国际文化产业博览会，江苏 91 家企业参展，中央政治局委员、上海市委书记李强高度评价江苏文化产业，各类媒体刊发报道百余篇，江苏文化影响力进一步提升；联合沪浙皖举办首届长三角国际文化产业博览会；着力打造品牌文化展会矩阵，积极参加第十四届深圳文博会，举办江苏版博会、南京融交会、苏州创博会、徐州文博会、无锡文博会等重点展会，举办第五届"紫金奖"文化创意设计大赛，收到 20197 件作品，影响持续扩大；出版版权工作不断优化，开展江苏省版权产业经济贡献率调查，软件正版化工作更加扎实。江苏电影影响力和竞争力不断提升，全省电影票房居全国第二位，无锡国家数字电影产业园保持良好发展势头。

对外文化交流不断拓展

2018年,江苏出台《江苏省推动中华文化走出去行动计划(2018—2020)》,举办首届中国—东盟媒体合作论坛,进一步讲好江苏故事。南京举办"一带一路"国际文学暨青年创意与遗产论坛,习近平总书记给汉娜等参会青年代表回信引发热烈反响。省委先后组织赴我国台湾地区举办第三届"吴韵汉风"江苏文化艺术节,赴我国香港地区举办"水韵江苏·相约香港"江苏文化嘉年华,赴英国、荷兰、捷克等5国举办"欢乐春节·精彩江苏"系列活动,组织第二届"友城绘"青少年国际绘画展。创新开展"同乐江苏""符号江苏""洋眼看江苏"等文化交流品牌活动;积极推动南京大屠杀史实传播走近国际主流社会,分别赴白俄罗斯举办《共同见证:1937南京大屠杀》史实展,赴捷克举办《共同见证:1937南京记忆》史实展,进一步推进南京大学和平学教席、南京"国际和平城市"建设,在南京举行2018年国际和平日纪念活动;组织歌剧《鉴真东渡》赴我国台湾地区巡演。江苏着力扩大对外文化贸易,成功承办第七届中国国际版权博览会,扎实推进国家版权贸易基地建设,参展北京国际图书博览会实现非华语国家版权输出100项,国际版权贸易实现新突破。

贰

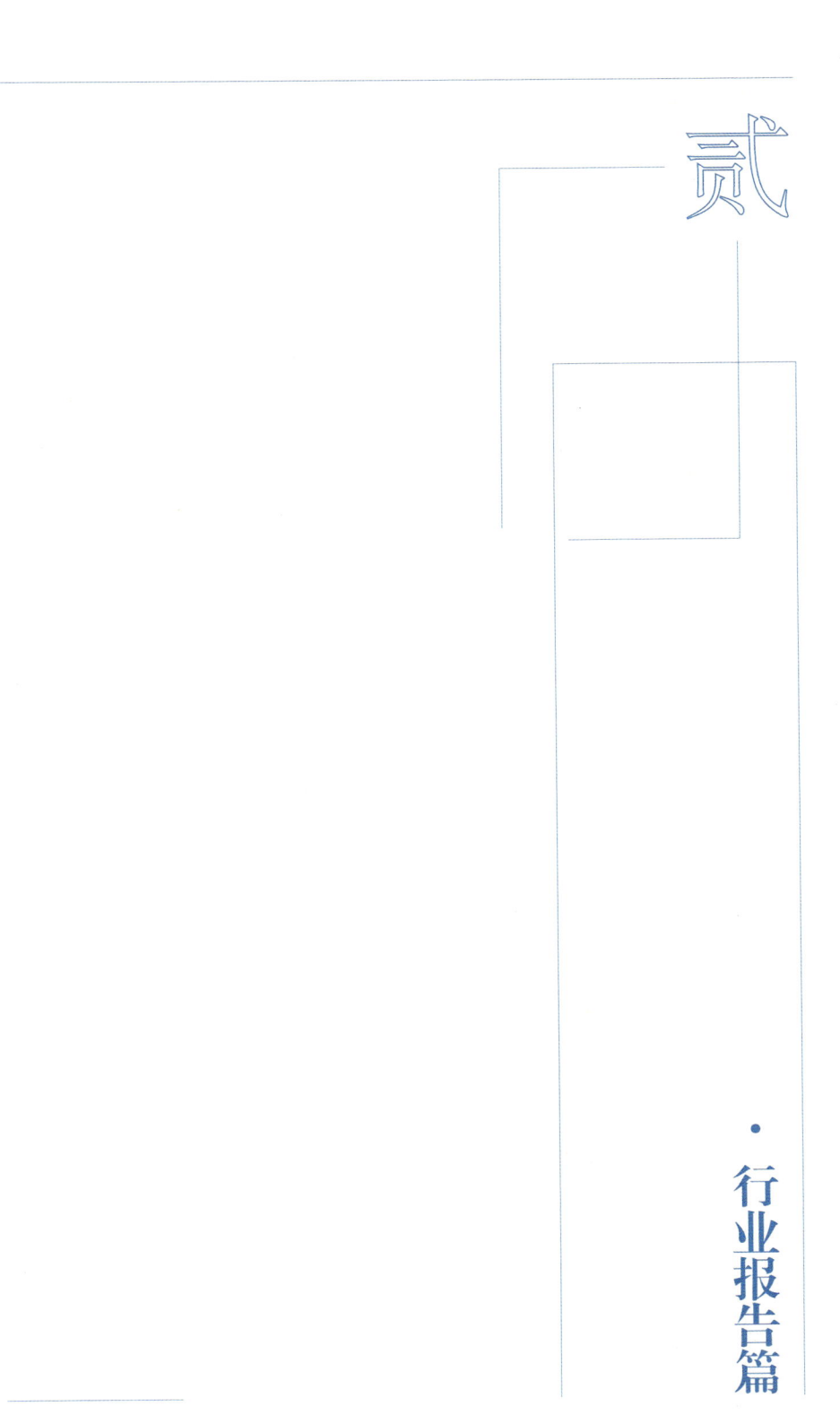

· 行业报告篇

新闻信息服务业改革发展报告

1 | 发展概况

根据《2018年文化产业及相关分类》，新闻信息服务业主要包括新闻服务业、报纸信息服务业、广播信息服务业和互联网信息服务业。当前，江苏省新闻信息服务业在不断推动行业结构优化调整的同时，持续提高新闻信息服务供给质量，实现产业规模与效益的稳步提升，媒体影响力和传播力持续彰显。

「1」新闻服务业
①新闻节目收视占比稳定，县级新闻体系取得长足发展

从2009年到2017年，新闻时事在江苏省收视播放节目中占比稳定，围绕10%上下波动（见图1），2017年占比10%（见图2），超过了电影、生活服务节目、专题节目等，说明大众对新闻时事的关心并未受到新兴媒体较大冲击，每个时期都有固定比例的新闻时事受到关注。此外，江苏省特别重视县级新闻体系建设，注重县级新闻舆论人才和新闻采编人才的培养，并不断拓展传媒终端服务体系，积极适应媒介融合快速发展的趋势。在此基础上，虽然县级电视台、网站、新媒体平台等新闻媒体基础设施和服务都取得了长足发展，但是县级新闻工作者整体薪酬待遇偏低、编制内人员比例下降等方面还

存在一定问题，专业培训、政治教育还需要进一步加强。
②新闻报道方式多元化，新闻作品版权监督不到位

现代新闻业在移动互联网环境下的竞争较为激烈。为适应越来越激烈的竞争环境，江苏省各个新闻单位投入大量资源优化新闻队伍，广泛设立新闻站点，推动应用先进技术，提高新闻报道效率，多角度全方位解读新闻热点。同时，新闻单位的价值观、立场和新闻风格在新闻报道中的分量越来越重，新闻报道越来越强调原创。但是目前，原创新闻作品的观点、内容却面临着大范围被转载复制的处境，而且传播与复制速度极快。因此，要尽快推出切实有效的措施，加强对新闻版权的保护，让新闻工作者的智力劳动果实免受侵害。

③传统主流媒体仍是新闻舆论主体，全平台传播将成为未来媒体主要趋势

传统新闻媒体仍然是媒体内容的主要生产者。目前，江苏省传统媒体在公信力、权威性等方面仍具有不可替代的优势，大部分新媒体不具备新闻资质，很难成为新闻舆论的主体，很难掌握舆论的主导地位。同时，

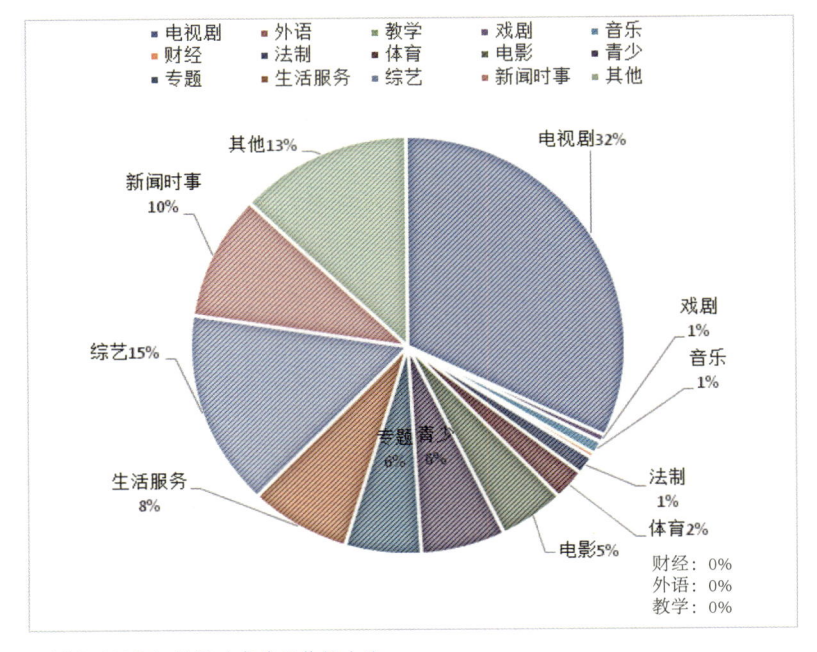

· 图1 2017年新闻时事节目收视占比

· 图 2 2009—2017 年新闻时事节目收视占比变化趋势

传统媒体也在积极适应行业变化，通过媒介融合增加新闻信息平台与渠道的发布数量，传统媒体将与新型媒体共存，全平台传播将成为主流趋势。

「2」报纸信息服务业

① 江苏省仍是报业发行大省，发行总量稳居全国前列

从目前掌握的 2016 年统计数据看，全省新闻出版业（包括图书出版、期刊出版、音像出版等）总产出 1833.72 亿元，营业收入 1790.98 亿元，资产总额 1768.00 亿元，净资产 848.66 亿元，利润总额 113.97 亿元，增加值 484.74 亿元，全行业产业活动经济单位 29784 个，直接就业人员 40.48 万人。其中，2016 年全省共有报纸出版单位 143 家，出版报纸 143 种（含高校校报 51 种），平均期印数 1127.83 万份，总印数 23.25 亿份，总印张 81.31 亿印张，定价总金额 22.39 亿元。全省报纸出版单位计有从业人员 10425 人，资产总额 117.55 亿元，营业收入 38.17 亿元，占总营业收入的 2.1%，增加值 14.97 亿元。江苏省报业出版品种数、报纸平均期印数、报纸总印数和报纸总印张稳居全国前五。

② "两微一端"成为报业标配，转型融合发展势头强劲

当前，报业在新媒体领域已经发展成微博、微信、

客户端的"两微一端"的标配模式，并且这些新媒体的用户数量远超过报纸的读者数量，在继承报纸公信力和引导力的基础上，扩大了报业新闻的传播力和影响力，已成为报业发展的重心。例如，新华报业传媒集团已拥有 14 报 8 刊、3 家重点新闻网站、6 个移动客户端和众多微媒体，构成现代传媒矩阵。报业除了在内容和产品、渠道和平台上积极探索与新媒体的创新融合，还在经营管理上创新经营发展思路，与新媒体结合起来进行多元化经营转型。此外，随着以"中央厨房"等为代表的融媒体中心在报业的逐步普及，很多报业已将其作为媒体融合的龙头工程。

③视频类产品成为报业与新媒体融合发力对象

在报业与新媒体的创新融合发展过程中，更加注重全媒体传播能力的建设，这使得视频类产品成为报业融合发展的主要发力对象。视频类产品具有内容精准、信息量大、直观性强、传播效率高、制作成本低等诸多优点，深受广大媒体用户青睐。随着 5G 的到来，视频类产品必将迎来发展的黄金时期，报业已经意识到这一点，纷纷布局视频领域。

「3」广播信息服务业

①广播电视事业快速发展，媒体融合业绩斐然

2017 年末，全省广播、电视职工 73417 人，比 1995 年增加 51912 人，增长 2.4 倍。有线电视用户 1605.8 万户，比 2000 年增加 1079.8 万户，增长 2.1 倍；有线电视入户率 65.8%，比 2000 年提高 42.0 个百分点；数字电视用户 1478.7 万户，比 2010 年增加 470.7 万户，增长 0.5 倍；电视综合人口覆盖率 100%，比 1978 年提高 64.4 个百分点。广播综合人口覆盖率为 100%，比 1985 年提高 9.0 个百分点。广播节目、电视节目制作时间分别为 57.8 万小时、19.6 万小时，分别比 1985 年增加 55.7 万小时、19.3 万小时。截至 2016 年末，江苏广播电视行业实现创收 273.4 亿元，对比于 2015 年有所

回落，但是从收入分类中可以看出，广告收入和网络收入仍然占据主要份额，广播电视节目收入和三网融合业务正在回升，说明传统媒体在积极寻求转型的升级过程中已经取得一定的成绩。至 2018 年 9 月底，全省广播电视创收收入 213.15 亿元，同比增长 6.75%。其中，广告收入 55.91 亿元，同比增长 9.24%；网络收入 54.62 亿元，同比下降 5.59%；其他收入 61.49 亿元，同比增长 18.05%。江苏广电总台连续入选中国 500 最具价值品牌，江苏有线入选第十届"全国文化企业 30 强"。

②重大主题活动宣传有力，舆论氛围良好

全省各级广电媒体紧紧围绕"五位一体"总体布局和"四个全面"战略布局，深入宣传贯彻习近平新时代中国特色社会主义思想，深入阐释党中央治国理政新理念新思想新战略的江苏实践。深化拓展"头条"建设，积极开展"新时代新气象新作为"主题采访活动，办好"学习贯彻党的十九大精神"专栏，通过系列报道和系列品牌的节目，多角度、全方位、深层次开展阐释解读，推动新思想在江苏深入人心。围绕重大活动、重大主题，全方位、多媒体开展主题宣传，推出一系列专题专栏和新媒体产品，形成强大宣传声势，营造良好舆论氛围。

③广播电视节目创新能力提升，节目精品层出不穷

江苏省广播电视节目创新创意能力显著提升，涌现出《最强大脑之燃烧吧大脑》等一批原创优秀节目。《太湖美》等一批纪录片精品通过央视平台与观众见面，大型文献纪录片《榜样——周恩来的故事》在央视一套晚间播出，产生广泛的社会影响。同时，江苏省加强对主题动画片、纪录片创作扶持引导，重点动画项目《可爱的中国》制作完成并在江苏卫视、优漫卡通卫视等平台同步首播。启动"江苏纪录片百人扶持计划"，首批遴选扶持的《归潮》等 5 部优秀作品在业内广受好评，《你所不知道的中国（第三季）》获得中国新闻奖一等奖。电视剧创作精彩纷呈，备案电视剧 36 部 1380 集，批准发行电视剧 8 部 337 集。重点跟踪服务的电视剧项目《江

河水》入选总局 2018—2022 年百部重点电视剧选题剧目名单，已完成制作。《我的父亲我的兵》等电视剧在央视八套黄金档播出，《台湾往事》《月嫂先生》等在省级卫视黄金档播出，《最后一张签证》《父亲的身份》等获"飞天奖"提名，《春天里》获第 29 届中国电视金鹰奖优秀电视剧奖。

④数字电视实现全省覆盖，应急广播省级调度控制平台建成

　　江苏省已完成全省地面数字电视覆盖网试运行，中央、省、市、县四级 15 套地面数字电视节目覆盖率达到 90% 的设计目标。完成中央广播节目无线数字化覆盖试点工程建设，在 14 座台站发射数字音频广播节目。加快推进应急广播体系建设，应急广播省级调度控制平台建成使用，县级应急广播体系建设已由 10 家试点向面上推开，33 家县（市、区）完成招标正在建设，各级财政累计投入资金 1.19 亿元，为一至四类地区的农村低保户收看有线电视进行专项补助 1449.2 万元。建成县级广播电视台节目共享平台，制定《全省县级广播电视台共享平台运行管理暂行办法》等系列管理制度，确保平台规范有序运行。

「4」互联网信息服务

①互联网普及率持续增长，"提速降费"效果显著

　　江苏互联网普及率高，截至 2017 年底，全省互联网普及率为 61.1%，同比增长 4.5 个百分点，比全国平均水平高 5.3 个百分点。自 2008 年到 2015 年互联网接入用户数持续增长，网民规模不断扩大，手机网民占比大幅度增加。到 2017 年，网民总数达到 4903 万人，其中手机网民 4827 万人，占全部网民的 98.4%。此外，江苏省网络基础设施建筑不断完善,服务水平显著提升。其中，江苏省光缆线路、互联网省际出口带宽、宽带接入端口数均位列全国第一，并实现了全省所有县市 4G 网络全覆盖。同时，随着"提速降费"政策的深入实施，

全省在网速越快的情况下，资费却在下降，刺激了流量消费加速提高。2018年上半年，移动数据流量平均单价下降至11.8元/G。同时，传统通信业务继续受互联网应用服务的冲击，线上即时通信服务正逐步替代移动语音和固定语音服务。

②互联网企业数量持续增加，数字经济蓬勃发展

2017年底，江苏省有互联网企业2820家，与上年同期相比增加16%，居全国第四位。2013年至2017年，江苏省企业拥有计算机数持续增长，企业拥有网站数有所下降。有数据表明，企业内部计算机网络使用结构有所调整，计算机台数的增加说明企业办公工具等方面不断优化。随着手机客户端和新媒体平台的普及和便捷，企业网站也已经不再是主要对外展示平台。南京在互联网业务经营企业和从业人员数量上具有绝对领先优势。其中，互联网业务经营企业（940家），超过全省1/3，位列第一；从业人员数量达到14.33万，占全省（23.2万）62%。2017年，全省各类应用保持高速增长。其中，各类在线政务服务应用使用率最高，64.3%的网民使用过政府在线政务服务，政府微信公众号使用率达71.1%。在生活应用类软件中，网购使用率最高，达到71%；其次是旅游在线预定用户使用率，达56.1%；外卖应用使用率达51.0%；各类网约车（出租车、专车/快车）使用率分别达到40.0%和36.5%。

③网络销售额增长显著，企业电子商务稳中有增

2017年，江苏省淘宝网、天猫平台上网络销售总额为4696亿元，同比增长32.77%，网络销售额居广东、浙江之后，位列全国第三；南京市、苏州市位居省内前列，大幅领先于省内其他地区，分别达1389亿元、1285亿元，人均网购消费达到了1.1万元。全省在淘宝网、天猫的网络消费者人数为3503万，网络消费总额为3942亿元，同比增长23.8%。平均消费额为11249.99元，同比增长10.34%。消费最高的依旧是南京、苏州的消费者，平均消费额最高的是镇江、无锡

的消费者。此外，2013年至2017年江苏企业采购额持续增加，企业电子商务销售额和交易额实现自2015年到2017年持续增长（见图3）。

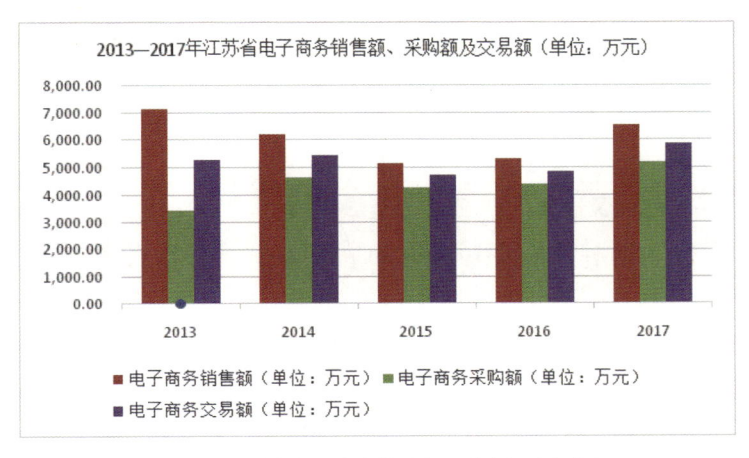

·图3 2013—2017年江苏省电子商务销售额、采购额及交易额

2 | 面临的主要问题

一是媒体优质内容供给能力不强，精品内容创作仍需加强。目前，网络内容供给侧改革在路上，新时代人民群众对网络优质内容的需求与网络内容生产不平衡不充分的矛盾日益突出。网上宣传的吸引力、感染力、影响力、有效性不够，网络文化企业影响力、市场竞争力不大，网民喜爱、在全国叫得响的网络文化栏目、平台、品牌、原创作品不多，宣传服务水平还有待提高，网络文化生产的主力军进入网络主阵地的势头不猛。不断满足人民群众对于优秀网络文化精品需求的任务艰巨，还需下更大功夫。

二是网络生态治理体系和网民文化素养有待提升。网络舆论生态建设是培育和发展健康向上网络文化的重要支撑。当前，多主体参与、多手段结合的综合治网体系尚未健全，网信系统属地管理责任有待压实，网络平台企业的主体责任有待夯实，网民的道德文化素养和自律意识有待提升。推动网络舆论生态持续向好，营造清朗网络空间的任务仍然艰巨。

三是传媒行业跨界复合型人才紧缺，互联网从业人员素质良莠不齐。目前，新媒体技术人才缺乏是传统媒体在转型升级中的主要短板，尤其是对于兼具数字技术和融合经营管理的跨界复合人才需求较大。此外，互联网从业人员素质良莠不齐。江苏省网络文化产业正处于快速发展阶段，网络从业人员准入门槛不高、流动性大、归属感弱，加上网络人才管理机制相对滞后，高精尖技术人才难招进，文化领军人才难留住。加强和推进网络文化人才培养，建设一支"五个过硬"从业人员队伍的任务迫在眉睫。

3 江苏省新闻信息服务业未来展望

「1」探究融合的内在机理，不断满足受众跨界需求

在媒介融合大发展的背景下，江苏省必须重视对融合的内在机理进行深入研究，要从融合实践中总结理论，再由理论进一步促进媒介融合。由于传统媒体与新媒体传播方式存在本质区别，新旧媒体的融合发展必须从二者的内在机理着手，在保持传统媒体自身优势的同时，充分利用好新媒体迅捷高效的传播优势。当前，传统媒体与新媒体研究虽然取得一定成果，但还缺乏整体总结和典型的个案分析，对媒介融合未来发展指导性不强。要从不同角度总结不同融合类型的优势与缺陷，提出切实可行的指导性意见。

「2」充分重视舆论导向作用，提高公众抵御不良信息自觉性

近几年，移动互联网不断打破传统新闻信息传输模式，网络媒体已经成为社会舆情的"放大器"，这对社会舆论产生了广泛而深远的影响。在这个过程中，

相关部门要主动对网络突发事件舆论进行正确引导，增强对外话语的公信力，营造良好的网络舆论环境。同时，要增强网络媒体从业人员的专业素质，有针对性的进行宣传教育活动，自觉抵制虚假低俗的网络信息，自觉绕道花边虚假新闻与言论，对涉嫌"网络暴力"、侵权抄袭等行为要切实整改，增强主动服务社会的意识。对于网络用户群体，要培养他们责任意识和法律意识，强化公众的公共责任感，提高公众抵御新媒体不良信息的自觉性。

「3」加大跨界符合人才培养力度，创新传统媒体赢利模式

当前，传统媒体行业自身缺乏创新盈利模式，难以在融合发展环境下找到新的盈利增长点。要通过不断的培训和学习，加大媒体人才的培养力度，构建绩效考核与工作激励机制，让人才充分发挥聪明才智，共同促进行业的整体发展。同时，要对传统媒体行业和新媒体产业进行深入调查研究，大胆尝试，勇于创新，探索新的盈利模式。此外，传统媒体转型升级要充分应用新媒体技术，实现全媒体模式的营销，使传统新闻媒体的采编、排版、出版、发行等环节具有系统性和综合性，提升新闻供给质量。例如，利用新媒体的优势搭建互联网营销平台，保留传统报纸对各项信息的深入挖掘，推动内部产业结构调整。

「4」建立完善的法律法规，加强监督管理力度

移动互联网媒体的迅猛发展除了给传统媒体带来冲击之外，也深刻改变了当今社会的生产生活方式，由于配套的法律法规和监管体系不完善，也带来一定的负面影响。因此，针对互联网法律法规立法滞后性，在不断加强相关法律体系建设的基础上，相关部门要采取有效的措施对其进行规范与引导。在信息传播初期，进行严格审查，并且加强对信息传播过程中的监

督力度，健全信息审核机制。要不断推进实名制认证，从源头杜绝虚假消息传播，并让虚假信息传播有迹可循，净化移动互联网的媒体环境，从而保证新媒体信息的准确性与健康性。

出版服务业改革发展报告

2018年,在省委省政府的正确领导下,省新闻出版(版权)工作坚持以习近平新时代中国特色社会主义思想为指导,全面贯彻党的十九大精神,按照全国全省宣传思想工作会议部署,坚持守正创新实践,各项工作任务取得新进展新成效。

1 | 推进主题出版宣传形成新热潮

坚持正确舆论导向,指导推动全省各级各类媒体和相关单位聚焦主题主线,认真组织策划,扎实做好学习宣传贯彻习近平新时代中国特色社会主义思想和党的十九大精神、改革开放40周年等重要时段重大活动的宣传报道和主题出版工作。公布主题出版重点出版物选题50种,围绕庆祝改革开放40周年,策划重点选题30余种。办理重大选题备案280种。组织党报党刊、社科理论期刊围绕高质量发展、解放思想大讨论、习近平新时代中国特色社会主义思想连续刊登重要文章。组织发行重点党政读物合计441万册,其中《习近平新时代中国特色社会主义思想三十讲》发行190万册;《习近平谈治国理政(第2卷)》含各语种版本38.3万册。成功举办"新华书房·为高质量发展注入新动能·读书论坛"。

2 | 推进精品生产取得新成果

11 种项目荣获第四届中国出版政府奖，位列全国各省区市第一。56 种项目新增入选国家"十三五"重点出版物出版规划。《试点：改革的中国经验》等 3 种项目入选中宣部主题出版重点出版物选题，《因为爸爸》入选中宣部 2017 年"优秀儿童文学出版工程"。6 种图书入选国家新闻出版署向全国青少年推荐百种优秀出版物，2 种科普图书被科技部公布为 2017 年全国优秀科普作品。6 种图书荣获 2018 年度"最美的书"。10 种项目获国家古籍整理出版专项经费资助，38 种项目获年度国家出版基金资助。11 种报刊入选第三届全国"百强报刊"，5 种报刊入选"第九届向全国少年儿童推荐百种优秀报刊"，16 种期刊入选"中国百种杰出学术期刊""中国精品科技期刊"，18 种期刊入选"中国最具国际影响力学术期刊""中国国际影响力优秀学术期刊"。《新华日报》《扬子晚报》同时入围"亚洲 500 最具价值品牌"排行榜。举办首届江苏省网络文学原创作品大赛，召开获奖作品座谈会，对繁荣和规范网络文学出版工作作出全面部署。2 部网络文学作品入选 2017 年优秀网络文学原创作品推介名单。

3 | 推进公共服务质效实现新提升

深入推进书香江苏建设，高质量打造江苏读书节、江苏全民阅读日和江苏书展等重点阅读文化品牌，实施书香童年阅读素养提升行动，完善全民阅读和书香江苏建设科学监测与评估机制。在全国首创省级认证共享阅读空间 49 个，并给予总计 236 万元的经费扶持。2017 年江苏省居民综合阅读率达 88.79%，高于全国 8.49 个百分点。召开全省农家书屋工作会议，精准实施农家书屋提升工程，推动数字农家书屋建设。第八届江苏农民读书节形成广泛社会影响，对全省农家书屋开展阅读活动发挥良好示范作用。完成省政府"综合提升4000家农家书屋"民生实事，安排农家书屋出版物更新专项资金1122.16万元，通借通还建设资金861.34万元，数字农家书屋建设专项资金801.5万元，开展全省3000家农家书屋与县级图书馆资源共享、通借通还建设。为全省农家书屋采购《习近平新时代中国特色社会主义思想三十讲》33200册、《新时代面对面》16600册。优化作品著作权登记云服务平台功能，完成历史纸质档案数字化。落实《江苏省城市公益广告宣传监测办法》，推动报刊加强公益广告刊发。

4 | 推进产业转型升级取得新成效

统计快报数据显示，2018年全省新闻出版行业（不含版权、数字出版和电影）总资产1780.47亿元，与2017年统计年报同口径比较，增长4.76%；营业收入1853.28亿元，与2017年统计年报同口径比较，增长4.48%。推进媒体深度融合，举办首届江苏省报刊媒体融合创新案例推选活动，并举办优秀案例路演推介会，培育新型媒体产品集群。14种报纸及新媒体入选"2017—2018中国传媒经营价值百强榜"；5种报纸入选全国"报纸融合传播百强榜"；7个项目入选"中国报业融合发展十佳案例、优秀案例"；5家报纸出版单位入选"中国报业融合发展创新单位；5种期刊入选"2018期刊数字影响力100强"。开展全省版权产业经济贡献率调查，2016年，全省版权产业增加值6508.06亿元，占当年全省GDP的8.55%。从业人数479.43万人，占全省各行业从业人数的10.08%。

5 | 推进体制机制改革取得新进展

新闻出版（版权）和电影职能划入省委宣传部统一管理，顺利完成人员转隶等工作。深化"放管服"改革，

13项审批事项全部进驻省政务服务中心运行，全部实现不见面审批。加快推进"证照分离"改革，推行13个改革试点事项的配套措施。强力推进事中事后监管，全面开展"双随机、一公开"，所有市场监管事项实现随机抽查全覆盖。建立健全信息披露、失信惩戒机制和"红黑名单"制度，加强信用信息应用，在文化产业引导资金申报、行政审批办理等事项中实行信用承诺制度，全省新闻出版（版权）、影视行业以信用约束为核心的市场监管新体制逐步构建形成。着力加强平台载体建设，成功举办第八届江苏书展、承办第七届中国国际版权博览会等展会，打造标志性文化品牌。第八届江苏书展全省主分展场图书销售总额6065万元，销售总额及现场零售额均创历史新高。组织江苏企业参加北京国际图书博览会，与海外著名出版集团和版权代理机构共进行160余场版权贸易洽谈活动，实现非华语国家版权输出100项。全年完成一般作品著作权登记量30.22万件。建立健全软件资产管理制度，促进软件正版化工作常态化。

6 推进行业管理得到新加强

严格落实新闻出版（版权）法律法规和各项制度，管好导向、管好作品、管好质量、管好市场。认真落实意识形态工作责任制，完善责任体系、拉紧责任链条。加大"扫黄打非"工作力度，全年收缴违法出版物17.03万件，处置网络有害信息93余万条，取缔关闭违规网站412个。查办"扫黄打非"案件401起，19起案件列为全国"扫黄打非"办公室和公安部治安局联合挂牌督办案件。在省市县乡村五级"扫黄打非"监管体系基本实现全覆盖的基础上建设基层站点，全省目前已有16个全国示范点、2个全国示范标兵。在全国率先开展报刊"两微一端"新媒体审读，编发审读报告24期。加大版权执法力度，共立侵权盗版案件170起，其中国家五部门挂牌督办1起，国家四部门挂牌督办4起，国家局挂牌督办 2 起，徐州"3·11"制售盗版图书案被列为 2017 年度全国打击侵权盗版十大案件。全省网络侵权盗版集中打击行动办理行政处罚案件 12 起。

7 | 推动支持民营企业发展壮大

　　民营印刷、发行企业是我省印刷发行行业的主要组成部分。民营发行企业数量占全省 90% 左右，产值占 47%；民营印刷企业数量占 93% 左右，产值占 78%，保持我省民营印刷发行企业健康稳定发展对于推动我省新闻出版业高质量发展具有重要意义。认真学习贯彻习近平总书记的重要讲话和全省民营企业座谈会精神，了解我省民营企业发展状况及存在的主要问题和困难，从营造公平竞争环境、减轻税费负担、解决融资难融资贵、减少同质化检查核查、保护企业家财产安全等方面，听取企业负责人对我省印刷发行业发展的意见建议，认真吸收研究，落实好"两个毫不动摇"要求，对职责范围内的工作尽快推动落地，对一些深层次的问题，及时协调相关部门并向上级反映，通过政府扶持、政策引导，积极推动各项支持民营经济发展的政策措施落到实处，努力为全省民营印刷发行企业营造公平竞争的市场环境，全力推动支持我省民营印刷发行企业发展壮大，成为产业转型升级与文化高质量发展的生力军。

　　2019 年是新中国成立 70 周年，也是新闻出版（版权）改革之后的开局之年。要紧紧围绕习近平新时代中国特色社会主义思想，进一步强化导向管理，抓好主题出版，推动精品生产，加快推进媒体融合创新行动，提升公共文化服务，推进书香江苏建设，加强政策引导扶持，加强产能合作，推动行业高质量发展。加快版权产业发展，加快科技创新应用，完善"扫黄打非"基层站点建设，加强市场培育监管，努力推动新闻出版（版权）和电影工作再上新台阶。

（资料提供单位：江苏省新闻出版局 江苏省委宣传部改革处）

影视业改革发展报告

当前，我国影视业已具有相当的规模与基础，生产制作量不断扩大，整体技术水平和规模不断提升。2017年中国影视文化产业继续保持高速发展态势。中国影视产业市场规模达到1184亿元，其中，电影559.11亿元（同比增长13.45%），电视剧版权交易达450亿元（同比增长19.68%），电视综艺节目版权价值约175亿元。2018年，根据《深化党和国家机构改革方案》，更好发挥电影在宣传思想和文化娱乐方面的重要作用，中宣部统一管理新闻出版和电影工作。江苏影视业发展基础好，在全国拥有较强的影响力。在江苏文化强省建设和文化建设走在前列的背景下，江苏影视业有了更高的发展要求，也将获得难得的历史发展机遇。

1 | 江苏省影视业的发展现状

「1」电影产业

2018年，江苏影视产业稳中求进。多部电影作品由幸福蓝海影视文化集团、凤凰传奇影业等投资拍摄出品，取得了良好的成效。其中由江苏省广播电视总台优漫卡通卫视联合全国八家少儿频道共同打造的动画电影精品《神秘世界历险记4》是暑期档最受欢迎的动画电影，成为今年继《熊出没之变形记》《新大头儿子和小头爸爸3：俄罗斯奇遇记》之后第三部票房过亿的国内动画电影。由江苏幸福蓝海影业有限责任公司、凤凰传奇影业有限公司等影视公司联合出品的《无问西东》总票房75431万元，平均票价31.43元，场均人次18人。其总票房在2018年年度榜单中排名第21位，实现了票房与口碑的双丰收。隶属江苏凤凰出版传媒集团的凤凰传奇影业参与出品的《南极之恋》在美国、加拿大同步上映。

各地级市电影方面也取得了新的进展。扬州电影《进京城》斩获首届上合组织国家电影节最佳影片奖、第21届上海国际电影节五项大奖。扬剧电影《衣冠风流》成功上映。泰州已经完成纪录电影《单声》、广播剧《逆向英雄》、纪录片《一个外国人的跨国寻根》等文艺作品的制作，并加快推动电视剧《觉醒》、纪录片等文艺精品的创作生产。盐城组织召开全市2018—2019年重点题材规划创作部署会，下发了《2018—2019年全市重点文艺精品创作生产目标任务分解表》，明确创作主题及题材，落实创作任务及时间安排，重点创作电影《美丽村庄》等作品。同时盐城扎实开展文化惠民"三送"工作，2018年累计送电影2万场。无锡每年都有数十部影视作品在"唐城""三国城""水浒城"取景拍摄。锡剧电影《珍珠塔》荣获美国第15届世界民族电影节"最佳音乐电影"奖。2017年无锡市实现产值50亿元，税收4.75亿元，带动各类消费近80亿元；2018年1—9月实现营收32亿元。借助国家数字电影产业园特色发展优势，无锡市引进青商基金、盈峰资本、金晟基金、杰翱基金等一批影视基金以及星皓东方文投、华莱坞文投、恒天文化、华一文投、微影数字文投、合一文化等基金公司入驻园区，新设立"恚泉华莱坞影视基金"，为影视企业的发展提供了有力的资金支撑和金融服务。另外无锡农商行还推出了影视传媒之星系列产品。苏州协调推进电影《红楼梦》投资，并且连接影院打造每年两次的"苏州文化消费月"。

除了电影数量与种类的不断丰富，很多影视项目也开始落地。2017年年底，北京光线传媒股份有限公司与江苏省扬州市江都区人民政府签署合作框架协议，正式启动光线（扬州）中国电影世界项目。第一期核心项目作为扬州世界园艺博览会核心展示区之一，整体工程计划2021年建成投入运营，预计年产摄影视剧100部，电影主题乐园及其旅游产品规划设计游客承载容量为年800万人次，重点市场涵盖长三角，基础市场辐射全国。2018年南通中影（南通）影视基地项目也如期开工建设。

「2」电视剧产业

2017年，江苏广播电视职工人数为73417人，与2013—2016年的5万余人次相比有很大的提升。2017年江苏电视人口覆盖率达100%，有线电视用户数为1606万户，数字电视用户数为1479万户，较前几年均有所下降。有线电视入户率也从2013年的93.1%开始逐渐下降，2017年降幅最为显著，入户率仅为65.8%。2017年江苏省广播节目制作577970部，电视节目制作

表1 2013—2017年广播、电视事业发展情况

项目	2013	2014	2015	2016	2017
职工人数（人）	52089	53699	52664	53531	73417
中短波发射台及转播台（座）	21	21	21	21	21
中短波发射机功率（千瓦）	718	734	735	735	735
广播人口覆盖率（%）	99.99	99.99	100.00	100.00	100.00
广播电台（座）			8.00	8	8
电视台（座）			8.00	8	8
广播电视（座）			71.00	71	71
调频电视发射及转播台（座）			98	104	106
调频发射机功率（千瓦）			168.2	175.80	173.4
电视发射机功率（千瓦）			510	512.95	535.70
电视人口覆盖率（%）	99.88	99.88	100.00	100.00	100.00
有线电视用户数（万户）	2249	2291	2226	2069	1606
数字电视用户数（万户）	1662	1787	1761	1754	1479
有线电视入户率（%）	93.1	94.6	91.4	84.8	65.8

注：数据来源于《江苏统计年鉴—2018》

表2 2013—2017年广播、电视节目制作时间

项目	2013	2014	2015	2016	2017
广播节目制作	600722	603551	589282	608779	577970
#新闻	108120	106702	101840	104118	99103
专题	147833	156862	136748	151160	135877
文艺（综艺）	149552	148263	158768	155311	147033
广告	87249	81997	76548	73031	69555
电视节目制作	217672	193135	189429	195036	195865
#新闻	61432	58391	58367	59534	53275
专题	54437	46047	44822	43939	47159
文艺（综艺）	23194	20557	20610	19597	18017
广告	46610	36617	32668	33796	32047

注：数据来源于《江苏统计年鉴—2018》

195865部。

2018年5月10日，第十四届中国（深圳）国际文化产业博览交易会在深圳会展中心开幕，展区重点围绕江苏广电、凤凰出版传媒集团、江苏有线、江苏文投四大骨干文化集团进行了展示。其中江苏电视台作为龙头企业，推出了电视节目《厉害了，我们的新时代》《马克思是对的》，以及《你所不知道的中国（第三季）》《阅读·阅美》《非诚勿扰》《海棠依旧》等以中国特色文化为核心的文化产品。江苏省广播电视总台2018年备案电视剧36部1380集，批准发行电视剧8部337集。中央、省、市、县四级15套地面数字电视节目覆盖率达到90%。有线电视互联网用户达220万户，数字化率92.08%，全年新增高清互动电视终端80万台，总数达700万台。各地级市电视台主要频道实现高标清同播，高清频道占比35%，苏州、常州和徐州3台全台电视频道实现高清化，全省高清电视发展位居全国前列。截至2018年9月底，全省广播电视创收213.15亿元，同比增长6.75%。其中，广告收入55.91亿元，同比增长9.24%；网络收入54.62亿元，同比下降5.59%；其他收入61.49亿元，同比增长18.05%。江苏广电总台连续入选"中国500最具价值品牌"，江苏有线入选第

十届"全国文化企业30强"。

江苏省各地级市也相继出台了进一步细化政策措施。盐城市区下发了《2018—2019年全市重点文艺精品创作生产目标任务分解表》，重点创作电视剧《乳娘》等作品。南通市依据《全市宣传文化建设专项资金安排》《南通市关于促进文化产业发展若干政策意见实施细则（2017年修订版）》《南通市文联深化改革方案》《南通市新闻文艺人才引进办法》和《南通文艺人才培养扶持办法》等多个重大政策文件，为南通广电网络的构建提供了政策依据。

政府部门还为广电行业的发展提供了相应的政策环境，并辅以税收上的支持，积极推进广电项目"走出去"。2016年，省商务厅、省委宣传部、省文化厅、省新闻出版广电局印发了《江苏省开拓海外文化市场行动方案（2016—2020年）》，文件提出"推动适应海外文化市场的江苏产电影、电视剧、纪录片、动画片、综艺节目的精品创作，推动江苏影视节目内容创新"。很多苏产作品已经走出国门，但是在海外发行时，在作品版权已发生转移的情况下，也造成了补贴政策落地的窘境。

「3」电视综艺节目

江苏电视综艺已打造出了很多独有的品牌综艺，保持了观众的黏度，同时也不断走出国门。江苏省广播电视总台（集团）围绕中央决策部署和省委省政府中心工作相关的重大主题，电视、广播、新媒体每年联动推出主题报道近百组。大型通俗理论对话节目《厉害了，我们的新时代》和《马克思是对的》，生动呈现新时代新思想的丰富内涵，并在央视、江苏卫视等电视台多终端播出，网络视频播放总量达上亿次。

江苏卫视《江苏新时空》《新闻眼》《非诚勿扰》《一站到底》《最强大脑》《阅读·阅美》《美好时代》等多个节目获得上级主管部门肯定和主流媒体点赞，综合影响力保持省级卫视第一方阵。江苏广电国际传播有限公司与香港电讯盈科媒体有限公司联手打造海外全媒体频道——紫金国际台。该频道聚集了《你所不知道的中国》《非诚勿扰》《超级战队》《我们相爱吧》等江苏广电最具影响力的品牌节目，延伸至欧美、亚洲、非洲、大洋洲。

其中江苏卫视王牌综艺《非诚勿扰》2011年开启"扬帆出海"模式，首先落户澳大利亚，之后又相继打造了美国专场、英国专场、加拿大专场等16大海外专场。2018年《非诚勿扰》在推特上迅速走红，英国《每日邮报》也第一时间进行了大篇幅报道，并对节目进行全方位解析。《非诚勿扰》英文字幕版连续3年发行到澳大利亚SBS，为二套收视率最高的节目，也是有史以来外语类收视最高的节目，成为首个在澳大利亚主流媒体频道播出的中国电视栏目。《超级战队》已与美国、德国、西班牙、葡萄牙及北欧四国签约，与先前的《全能星战》先后获得亚洲电视大奖"最佳音乐节目奖"和"最佳娱乐节目奖"。原创节目模式《全能星战》和《超凡魔术师》成功输入越南，越南版《超凡魔术师》于2018年5月在越南国家电视台播出。

「4」纪录片

江苏省新闻出版广电局于2018年4月底发布《关于推荐2018年度江苏百人纪录片扶持计划参训人员和创作选题的通知》，计划2018—2020年用3年时间累计扶持100名纪录片创新人才，扶持创作20部展现江苏人民通过奋斗追求幸福生活的现实题材纪录短片。省内各级广播电视台、纪录片制作机构、纪录片教学机构各遴选5人组建创作小组，根据年度创作主题（2018年度以改革开放40周年为主题、2019年度以新中国成立70周年为主题、2020年度以全面建成小康社会为主题），策划"小成本、大情怀、正能量"的纪录短片选题。2018年度遴选扶持了25名纪录片创新人才，围绕改革开放40周年主题，在专业观摩、集中授课、实训辅导、制作拍摄、后期包装、播出剪辑、宣发推广等环节予以扶持，辅导创作5部江苏主题纪录短片，并以江苏主题纪录片展播季的形式在北京、湖南、上海纪实等纪录片卫视频道，中国教育电视台、星空卫视、旅游卫视等综合卫视频道以及新媒体播出。此计划涌现出《你所不知道的中国》等一批思想性、艺术性、观赏性俱佳的优秀纪录片作品，切实做到了"讲好中国故事"。《你所不知道的中国》第二、三季连续获得中国新闻奖，第三季在BBC世界新闻频道和江苏卫视同版同步播出，首次实现新闻纪实节目在西方主流平台和国内同版同步播出。

以江苏省广播电视总台为例，总台牵头制作了纪录片、专题片《中国梦·中国路》《毛泽东诗词故事》《外国人眼中的南京大屠杀》《幸存者》《南京之殇》《致未来书》《榜样——周恩来的故事》等，参与制作了《1937·南京记忆》《东方主战场》，成为全国的纪录片、专题片的创作高地。其中《南京之殇》在A+E美国电视网络下属的历史频道美国区主频道和亚洲区主频道首播，实现该题材纪录片首次在西方主流媒体播出，获"日间艾美奖"最佳摄影奖和最佳剪辑提名奖，实现了重大突破。

2016年，由江苏有线领衔制作的大型人文纪录片《奇域：探秘新丝路》上线网络平台。这是江苏首部以"一带一路"为主题的纪录片，是原创内容全网首播的成功案例，被业界称为2016年爆款级纪录片。2018年，江苏广电融媒体新闻中心出品了纪录片巨制《奋斗在一带一路》，讲述奋斗在"一带一路"沿线中国人的故事。电视纪录片《锦绣纪》由中共苏州市委宣传部、中央电视台纪录频道与苏州广播电视总台联合出品，由中央电视台纪录频道与苏州广播电视总台联合摄制完成，再次从"丝绸之路"的缘起之地苏州出发，以苏州为主要拍摄点，探寻中国蚕桑的千年变迁，展示丝情桑韵的当代创造。该纪录片紧随中央"一带一路"战略构想的落实铺开，响应"十三五"规划重申文化产业成为国民经济支撑型产业的号召，为中国丝绸文化再登公众视野之巅助力。

为献礼改革开放 40 周年、致敬"一带一路"5 周年，江苏省委宣传部、江苏省发改委、江苏省商务厅、江苏广电总台联合打造大型全媒体跨国新闻行动《一带一路江苏风》。江苏美食纪录片《吃在江苏 Taste·Jiangsu》共 8 集，系统地梳理江苏的饮食文化，并于江苏国际频道播出。南通市也创作了电视纪录片《艾蓝印象》等一批优秀文艺作品。

2 江苏省影视业发展存在的主要问题

「1」缺少拔尖优秀的影视人才，人才队伍建设亟待加强

近年来，省委省政府高度重视文化强省建设，省委宣传部积极推进文化人才队伍建设。在相关政策文件的推动实施下，全省影视人才逐年增加。然而，与中央精神和省委要求相比，与江苏的经济大省、文化大省、科教大省的地位相比，影视人才仍然存在一定的缺口。

一是人才结构方面，具有国际影响力的编、导、演等领域的大家严重不足，既懂影视编导又了解市场运作的复合型文化产业人才不多；二是人才引进环节不畅，受编制、进人计划环节的限制，人才引进的观念不新，过于注重人才学历而轻视个人能力；三是人才激励保障制度不健全。影视领域对人才的引进资助力度小，不利于发挥人才创新创业的积极性，人才优先发展保障机制、相关政策配套有待进一步完善。

「2」影视精品力作高地建设还有待加强

一是江苏近年来影视生产取得了良好成绩，但是总体上看，在全国乃至国际产生重大影响的优秀影视作品十分稀缺，应加大对影视精品创作的投入；二是现实主义题材和江苏题材的影视精品创作还不多，应在如何讲好当代中国故事和如何讲好江苏故事方面，进一步加强影视创作生产体制和机制改革；三是在影视产业主体方面，江苏还缺少在全国具有较强竞争力和投资实力的影

视龙头企业。虽然有幸福蓝海上市企业，但是在全国主要影视企业第一方阵相比，还需进一步提升竞争实力。

「3」政策扶持力度还不够

一是缺少对江苏知名奖项、电影节展会、研讨会的支持；二是缺乏对文化输出作品的海外补贴，不利于调动优秀作品以及优秀人才的创作积极性，尤其是将出口作品的版权所在地作为海外交易补贴的限制条件亟需改善。

3 | 江苏省影视业发展的对策建议

「1」以大运河文化带建设为契机，打造大运河系列优秀影视剧

江苏省应紧紧抓住大运河文化带建设这一历史机遇，围绕省委省政府战略部署，就大运河文化进行电影、电视剧、纪录片的创作。一是用最短时间成立大运河影视项目组，筹备有关大运河题材的剧目。二是积极对接沿线城市，打造大运河带城市群统一体。三是对接多方机构，构建大运河文化联盟。除了大运河文化带，江苏影视产业还可以着力于新中国成立70周年等重大主题。综上，江苏政府需要有意识地进行规划引导，做好项目设计和立项工作，讲好"江苏故事"。

「2」搭建影视融资平台，积极推进项目投资落地

一是努力拓宽多元化融资渠道。积极利用银行融资、专项电影基金、私募股权融资、民间投资等多方投资方式。二是组建相关影视基金，重点支持江苏影视企业的影视项目，建立影视宣发基金、影视内容基金等基金模式。围绕打造江苏广播电视精品生产新高地，坚持社会效益第一、内容为王，不断优化规划引导、选题指导、政策倾斜、资金扶持、评奖评优等机制，充分调动创作生产单位的主动性与创造性。

「3」建立影视服务体系，打造影视空间

投入影视空间建设，推动"全民观影"的阵地建设。一是建设便民惠民的影视公开放映空间。电影电视剧进企业、进农村、进机关、进校园、进社区、进网络，在服务人民、造福人民中普及影视、发展影视。二是建立影视产业园集群。江苏已建成无锡国家数字电影产业园、江苏未来影视文化创意产业园、江苏西太湖影视产业基地等产业基地。江苏应乘胜追击，建设更多富有影响力的电影产业集聚高地，真正打造"影视之省"，实现中国电影工业化发展。

「4」强化队伍建设，着力培养高素质影视人才

习近平总书记在全国宣传思想工作会议上重要讲话精神提出"亟需大批高层次文化人才支撑"。省委十三届三次全会作出包括"文化建设高质量"在内的"六个高质量"的战略部署，四次全会强调"更加注重文艺人才队伍建设，采取超常规措施培养一批青年文艺人才"，对宣传文化系统推进高层次文化人才建设提出了新的更高要求。所以建设高层次文化人才队伍，实现文化人才高质量发展是当前的重要任务。

一是以老带新，加强青年队伍建设。要坚持立德树人，搞好"传帮带"，在培养中青年骨干上多做工作。在江苏省"文艺人才发展三年行动计划"和"名师带徒计划"的带动下，优秀中青年文艺社科人才将为江苏"文化建设高质量"提供智力支撑。

二是大力引培骨干，不断优化影视人才队伍结构。江苏影视相关企业与部门定期举办戏剧创作培训班，营造尊重人才、尊重知识、尊重创造的浓厚氛围，打造影视创作主力军，不断发掘新人，壮大专业队伍。首先要积极引进国际推广人才，为开展招商引资、项目合作等工作提供决策参考。其次要引进翻译人才，为翻译国际化平台的打造输送智囊。

三是大力实施文化人才培引工程。一方面立足本地，

加强基础性人才的选拔和培养；另一方面放眼全国，加大优秀人才的引进。首先是引进艺术精英人才。在省内外聘请专业人才担任特聘专家，返聘退休的杰出人才，对业绩突出的文化人才予以重点培养。其次是引进复合型人才。在省属高校里试点增设文化产业管理、艺术管理专业，通过校企合作，着力培养一批文化经营性人才，定向培养后备人才。最后是积极引进海外人才。

「5」加强龙头骨干影视企业培育

一是加快对江苏主要国有文化企业中影视产业资源的整合，支持幸福蓝海等国有影视企业做强做大，打造文化产业全产业链。二是扶持民营文化企业做大做强，支持有实力的企业到江苏投资影视产业，支持江苏有实力的企业转型投资文化产业。

「6」积极实施文化"走出去"战略，推动江苏影视的文化输出

一是鼓励江苏企业在境外开展影视领域的投资合作，拓展国际营销网络，同时带动上下游相关企业抱团"走出去"。二是讲好江苏故事，传播中国声音。采用作品出口、项目合作、开播海外频道等方式传播江苏故事。三是聚焦传播，拓宽宣传推广渠道。利用新媒体传播渠道，通过线上与线下联动的方式，全方位宣传和呈现江苏品牌，夯实并拓展江苏影视的海外推广平台、销售平台、服务平台、新媒体平台。四是打造特色活动。2015—2018年，南京市先后在意大利米兰、英国伦敦、美国纽约、法国巴黎举办"南京周"，为江苏影视走出去奠定了基础。同时，在"一带一路"等政策带来的扶持、机遇下，应提高政府顶层设计的引导性，拓宽影视产业营销网络，整合全产业链系统，提高核心竞争力。

（资料提供单位：江苏省电影局 江苏省广播电视局）

演艺行业改革发展报告

　　演艺产业指的是以演出的创作、生产、表演、销售、消费及代理经济、艺术表演场地等配套服务构成的产业体系。演艺产品包括音乐、舞蹈、戏剧、戏曲、杂技等。在近些年的发展中，我国演艺产品突出表现为演唱会和歌舞表演。演艺产业是文化产业中的核心层产业，具有明显的社会与经济双重效益，具有广泛的群众文化需求和广阔的文化消费市场性，可持续发展性强，未来市场对演艺业的需求呈快速增长态势。近年来，江苏省演艺行业呈全面增长趋势，剧目创作硕果累累，演出市场规模不断扩大；跨界融合步伐加快，开辟演出市场新规模与新思路；扶持政策与日俱增，市场管理与时俱进，演出内外部环境大为改善。

1 │ 演艺业的发展概况与趋势

「1」演艺业逐步市场化规模化

　　中国演艺文化源远流长，发展历史悠久。古乐舞、西周的礼乐和和隋唐的宫廷燕乐等都出现中国早期的演艺活动。表演艺术所独有的由观演同步性和观演直接体验性所产生的剧场性为其在文化市场中保留了独特的发展空间。演艺产业作为文化产业的核心层产业，近几年的发展备受瞩目。演艺产业在经历 2011 年、2012 年的迅猛增长和 2013 年受相关政策影响的突转下滑后正慢慢恢复。2014年基本实现止跌反弹，演艺产业开始真正走向市场化和规范化，回归理性发展，市场逐渐归还给市场的真正经营者。

「2」旅游演艺产品应运而生

近年来，旅游业的快速发展为演艺产业打开新的发展局面，旅游演艺产品应运而生。旅游演艺产品在一定程度上满足了旅游者了解当地文化的需求，具有较强的社会效益和经济效益。兴起的旅游演出、动漫演出等大型演出活动为演出产品的创作、运营带来新的模式，注入新的活力，有助于提升演出产品的文化内涵、拓宽演出策划的融资渠道、推广演出宣传的品牌理念、挖掘演出消费的市场潜力。

「3」演出市场国际化

国内演出市场显示出的巨大潜力吸引了国际巨头的关注，许多经典演出剧目和高端演唱会纷纷进入中国，高水准、高质量、高成本的演出剧目纷纷驾临江苏多个城市，颇受市场认可和欢迎。2017年至2018年，先后有来自北上广深杭等一线城市的数十家演出机构，如北京爱乐汇文化艺术有限公司、上海房米文化传媒有限公司、广州共赏演出经纪公司、深圳市聚橙网络技术有限公司等，首次引进剧目投放到南京演出市场。

2 江苏省演艺业现状分析

近年来，江苏演艺业努力发挥优势，挖掘自身潜力，在激烈竞争中努力地求生存、谋发展，在经历了严峻的市场考验之后，逐步走向了大繁荣的新阶段，初步形成了较为规范而又充满活力的产业发展态势。

「1」江苏省演艺市场延续繁荣发展趋势

文艺演出类别主要包括音乐、歌舞、话剧、京剧、杂技、儿童剧、地方戏及曲艺、其他综合类演出等。监测数据显示，歌舞、京剧以及杂技类演出始终保持较为平稳的态势，话剧、儿童剧、曲艺及地方戏演出近年增幅较大，2018年总体延续这一趋势。

据江苏省相关统计数据显示，2017年江苏省共有文艺表演团体126家，经营面积149156平方米，资产总计392064千元。2017年，江苏省文艺表演团体全年共计演出36310场，其中农村演出18922场，观众达1617万人次，实现营业收入3.58亿元。从剧团性质来看，在126个文艺表演团体中，民间职业剧团有93个，占绝大部分。目前江苏省共有117个艺术表演场馆，所有场馆共占地93.11万平方米，拥有坐席数总计112611个，资产总计86.56万元。

江苏演艺业蓬勃发展的态势得益于相关政策指导和资金支持。以南京为例，2017年至2018年，南京市财政连续两年落实1500万元专项资金，保障和推动南京演出市场的先行试点工作。据统计，2017年南京市演出市场消费规模从2016年的1.6亿元迅速增至2.25亿元，同比增长38.7%；2018年，演出市场规模预计比2017年同比增长42%。

「2」江苏演艺行业发展多元化

江苏省演艺市场呈现各种所有制形式和各类表演形式共存的多元格局。江苏演艺市场艺术门类十分广泛，既有顶级艺术家和演出院团的高端演出，又有雅俗共赏的大众演出，也不乏相声、京剧、曲艺等特色演出，能从不同方面满足观众的文化消费需求。

一是小剧场话剧成为江苏演艺业的一大亮点。以小剧场为主导的话剧市场已经进入商业化运作，成为江苏省演艺业的一大亮点。话剧的商业化受市场经济发展的推动，也是文化艺术发展的需要。当前江苏省剧场经营者正积极探索话剧商业化发展道路，以市场需求为导向，创作和营销相结合，逐步朝创作工厂化、营销院线化方向发展。除了江苏大剧院、南京市文化艺术中心等大型演出场所外，一些民营小剧场也正成为热门演出场所。江南剧场的《蒋公的面子》、开心茶馆的日常相声演出、兰苑剧场昆曲演出、恩剧场的青麦坊日常演出，都入选过南京文化消费政府补贴剧目。

二是地方戏及曲艺演出市场活跃度较高。近年来地方戏及曲艺演出场次呈稳步上升趋势。江苏省京剧院、江苏地方戏曲京剧院、江苏省苏州昆剧院等众多戏曲名团多角度地满足了广大市民的不同戏曲需求，与此同时江苏的相声艺术也大放异彩。活跃的曲艺及地方戏演出市场保护了我国传统文化，促进了我国戏曲、曲艺等传统文化艺术的传承与传播，并逐渐涵养了一批具有知名度的企业及剧目。

三是儿童剧演出市场潜力巨大。儿童剧是感官结合的音乐舞美艺术体验，符合儿童特有的兴趣爱好、心理状态以及思维方式，通过具体、鲜明、活泼的情节传达严肃的主题、进行美与道德的感染，在观看以及互动过程中，能激发儿童的创造性思维，唤起他们的求知欲，是一种有效的亲子教育方式。随着家庭收入水平的增加和父母教育观念的转变，越来越多的家长乐于选择这种寓教于乐的方式，所以儿童剧类演出市场需求旺盛。

四是音乐演出市场日益壮大。音乐节、音乐剧、演唱会构成音乐演出市场三大热点。近年来，江苏各种主题音乐节井喷式发展，如南京森林音乐节、扬州瓜州音乐节、溧水妙恋音乐节、南京方山青年文化艺术节等各类音乐节此起彼伏，贯穿全年，极大的活跃了江苏省音乐演出市场。另一方面，随着国内唱片业的衰落，演唱会逐渐成为回收投资最快最直接的方式，江苏良好的文化氛围以及巨大的消费市场吸引着全国各地乃至全球的演唱家及歌星。美国百老汇骄人的业绩与强大的市场影响力，激发了国内很多演艺界人士欲在音乐剧方面有所作为的梦想。一些不同题材的本土音乐剧相继登场，再加上国外音乐剧也瞄准中国市场并前来试水，音乐剧在江苏省演出市场上掀起一股热浪。

「3」旅游演艺产品发展潜力巨大

江苏作为我国著名的旅游省,演出与旅游融合较快。苏州、南京、无锡、扬州的旅游演艺领先发展,盐城成为旅游演艺发展的后起之秀,南通、镇江、徐州正处在旅游演艺产业发展的探索期,而宿迁、连云港、淮安等地市还没有培育出专为旅游者设计的旅游演艺产品。高品质的城市旅游演艺品牌是城市旅游目的地的重要吸引物。旅游演艺产品在一定程度上满足了旅游者了解当地文化的需求,具有较强的社会效益和经济效益,江苏省旅游演艺产业价值链的市场化运作机制有待完善,潜力巨大。

表1 江苏大中型旅游演艺产品

城市	类型	名称
南京	山水实景型	报恩盛典
	山水实景型	夜泊秦淮
	剧场依托型	青春版牡丹亭
苏州	水乡实景型	四季周庄
	剧场依托型	苏SHOW
	剧场依托型	苏州之夜
扬州	山水实景型	春江花月夜
	剧场依托型	扬州杖头木偶戏
	剧场依托型	大运扬州
无锡	山水实景型	梦回江南
	景区复合型	三英战吕布
	剧场依托型	唐伯虎点秋香
南通	剧场依托型	梦窑江海
镇江	山水实景型	白蛇传
徐州	剧场依托型	徐州千古情
盐城	剧场依托型	猴窑西游记
	剧场依托型	小桥·流水·人家
	剧场依托型	淮剧

「4」江苏演艺与科技正深度融合发展

近年来，世界各国都在聚焦数字化发展。2016年国务院发布《"十三五"国家战略新兴产业发展规划》，将数字产业列入五大十万亿级战略新兴产业之一。随后，文化部出台了《关于推动数字文化产业创新发展的指导意见》，向全社会发出鼓励数字文化产业发展的明确信号，并提出大力推动演艺娱乐、文化旅游等文化产业的数字化转型升级。演艺与数字文化产业的融合成为新的增长点，这既是数字文创发展的需求，也是演艺商业模式创新的契机。除了艺术传播形态上的剧院现场系列、直播、在线演出、VR/AR/MR与演出的结合，大数据分析也将被运用于演出与场馆管理，并以IP运营的意识来打造演出项目，延长扩展演出的价值链，丰富演艺项目的盈利模式。

线上线下相结合（O2O）模式为江苏省演艺行业的拓展提供了新渠道与发展思路，线上线下有机融合，扩大演出的辐射范围与力度，提升了演艺行业对文化产业乃至对社会产生的价值。线上线下相结合可以最大限度地挖掘经济价值，重点聚焦那无法到达演出活动现场，但又有消费欲望的80%观众，为演出产业最大程度挖掘经济价值。因为能去现场观看演出的观众所占比例毕竟只是少数，还有大批消费者受到各种因素的影响干扰，无法做到在限定的时间内进行线下演出观看，所以，通过线上直播演出，不仅扩大了演出活动的获利渠道，还能与志同道合的朋友一起留言互动。线上线下相结合（O2O）模式将演出活动的影响力从线下扩展到线上，在互联网上形成关注度，扩大了辐射范围，延长了影响时间。

「5」票价逐步趋于合理，演出质量提升

在票价问题方面，演出院线负责集中采购国内外剧目，这种类似"团购"的采购方式降低了剧目购买成本；在院线管理方面，演出院线采用统一管理、统一配送、

统一营销推广的方式，降低了分散经营所造成的物流成本、推广成本以及管理成本；在演艺产品方面，演出院线有可能引进成本高昂的国外优质剧目，并获得优惠的价格，而江苏省原创剧目委托创作、订单式生产等灵活多样的剧目定制方式，也促进了更多优秀剧目创作，保证了剧目资源多样化，满足了不同层次的消费需求。

3 江苏省演出业存在的问题及对策

「1」江苏省演出业存在的问题

一是缺乏原创、经典的演出剧目。尽管近年来江苏省的原创剧目、获奖剧目日益增多，但相比之下，思想性、艺术性、观赏性俱佳，并能够长演不衰的经典原创剧目仍然较少。

二是缺乏成熟稳定的商业模式，可持续发展能力不足。从市场角度看，江苏省演艺产业仍未形成稳定成熟的商业模式。目前江苏省演出运营模式主要是以项目制作运营为主，企业抗风险能力弱，还需着力打造集创意、生产、制作、运营、销售于一身的综合实力较强的演艺企业。

三是票价过高，影响演出消费市场的增长。长期以来，江苏的演出票价一直维持在较高的水平，大型演出场馆平均票价大致维持在600元以上，多功能综合剧场的平均票价为280元。调查显示，普通民众能接受的票价大约在80元，实际上，江苏的演出票价远超了民众的心理预期。所以高票价将大批普通收入观众挡在了演出市场门外，抑制了消费群体的增长。江苏的演出票价之所以较高的主要原因：一是剧场资源的缺乏导致演出成本过高，为收回成本不得不提高票价；二是现有剧场、院团之间缺少在剧目引进、创作生产方面的合作，引进剧目价格高，单个剧场演出场次受限，这就造成创作、经营的成本都比较高；三是赠票问题还需进一步下大力气解决，市场消费习惯还需培育。

「2」促进江苏省演出业发展的对策建议

一是加强创新型人才的培养与引进力度。需要尽快培养一批既懂文化艺术活动规律，又掌握市场经济管理专业知识的演艺行业的经营者和演艺市场经纪人，以适应当前演艺市场的繁荣与发展。

二是加大剧场资源的建设和整合力度。加快剧场资源的建设与整合力度，一方面可以缓解演出业剧场不足的情况，另一方面可以增加演艺企业的有形资产，为企业融资担保提供可能。梳理现有的剧场、会堂、礼堂、废旧工厂等场馆，通过重新翻修、翻新、改造等多种方式盘活这些资源，为不同团体提供适宜的演出场所、提高资源利用率。目前演出市场产品丰富，对不同层次的剧场都有需求，有部分条件欠缺的剧场，如加以改造，就能有所作为。

三是打造重点品牌，提升行业整体影响力。选择一批基础较好、规模较大、发展势头强劲的院团，如江苏演艺集团，加以重点培育和扶持，积极支持其开展兼并与扩张，鼓励院团立足本土文化，大胆创新，勇于走出去。引导和鼓励重点院团实施品牌化战略，形成一批行业重点品牌，以龙头院团的品牌与实力，提升江苏演艺业对外影响力，并带动行业其他企业发展，增强演艺业整体实力。

四是延伸产业链，增补类型空白。在实力许可的基础上延伸产业链，最大限度地整合行业资源，鼓励院团跨界开展联盟与合作，引导实力较强的院团及演出经纪公司扩展经营范围，逐步构筑完整产业链，整合行业资源，实现行业资源最大化。针对市民多样化的文化需求，积极探索创新，形成丰富多彩、类型众多的表演形式，增补类型空白，形成演艺市场百花齐放的格局，满足市民和游客日益增长与变化的文化艺术欣赏需求，实现供应与需求的有效对接。

五是集群化发展，内涵化发展。打破区域和服务内容的限制，展开院团间的合作联盟；通过市场竞争逐步整合兼并,实现民营剧团集团化发展。民营剧团有着"小、弱、散"的先天不足,彼此间应整合资源、抱团取暖;或依托国有院团良好的运营基础,与之形成松散联盟,由资源较好的国有剧团对民间剧团的节目进行策划、编导和整合,提供演出平台或组织演出,支付演员酬劳。实力较强、规模较大的民营剧团应具有发展意识,主动出击,争取资源,扩展市场,逐步形成数个有实力、有规模、有市场的品牌剧团。鼓励精品创作,提升演出质量。尽可能将民营剧团演员纳入正规演员范畴,加强管理,在放宽准入制度的同时加大管理力度,从演出形式到演出内容实行监管。组织相关专家,针对民营剧团的从业人员展开培训,保证剧团演出质量。

六是演出票务要提高营销效率,反馈市场数据。演出票务处于演艺产业生态内生系统的中间环节,互联网时代,便捷有效的购票系统已必不可少。演出票务方从演出院线获得其经营管理的剧目剧场信息,将这些信息提供给消费者,并提供便捷的购票渠道。反过来,院线经营管理方通过收集演出票务系统后台的真实准确购票数据,将其反馈给演艺产业内生系统各环节。部分演出院线拥有自主的票务网络系统,便于院线内剧目及剧场演出的集中宣传推广,特别是演出场次安排、市场推广定位等方面的信息更加精准,营销效率更高,保证了演艺产品在市场中的快速流通。信息化、网络化技术提供了方便快捷的购票渠道、快速多样的购票方式,其创新模式和优质服务可以为演出院线提供强大的售票服务保障,优化消费者的购票体验,同时保证票务销售后台可以有效地收集相关数据,将大数据反馈给演艺产业链上下游环节,票务系统的建立将演出团体、剧场、演艺机构等演出主体与消费者紧密联系起来,可以有效地提高营销效率,降低管理成本。

(资料提供单位:江苏省文化和旅游厅)

非物质文化遗产保护报告

近年来，江苏省在非遗保护、传承和利用等方面已取得了显著成就，先后完善了各级非遗名录认定体系，初步培养了一批具有较高专业技能和业务水平的人才，制定并完善了相关法律法规，落成了各类非遗博物馆、非遗传承基地等。但是目前江苏省非遗工作在保护、传承和开发等方面也面临着一些问题。本报告详细梳理了江苏省非遗发展的现状，客观分析了存在的问题，并提出了对策建议。

1 江苏省非物质文化遗产的发展现状

江苏省是文化大省，同时也是非遗大省，非遗种类涵盖音乐、舞蹈、戏曲、美术、工艺、曲艺、医药、文学、体育和民俗等各个领域。随着国家对非遗的保护力度逐渐加大和文化教育工作的不断深入，在社会各界的共同努力下，非遗逐渐走进并融入现代生活。江苏省每年组织非遗传承人及其项目赴世界各地进行交流和展示，不断拓宽非遗保护、传承与传播的渠道和平台。2012年，江苏省根据《中华人民共和国非物质文化遗产法》对《江苏省非物质文化遗产保护条例》进行了进一步的修订和完善。同年，江苏省启动非遗中长期保护规划编制工作，2016年，江苏省有关非遗项目的十年保护规划全部编制完成。2017年，江苏省对非遗保护工作的经费投入也在不断加大。据统计，江苏省目前每年财政投入保护经费已超过 4000 万元。省、市、县各级均成立了非遗工作领导小组，13 个市、86 个县（市、区）成立或挂牌非遗保护中心。此外，江苏省还逐步建立健全关于非遗的咨询、督导、激励等工作机制。总体而言，江苏省已初步形成了以科学保护为引导、以政策法规为保障、以整体性保护为方向、以传承发展为目标的特色非遗保护体系。

「1」江苏非物质文化遗产及传承人的数量

目前，江苏省共普查记录非遗项目 28922 项，其中包括昆曲、古琴等 10 项非遗入选联合国教科文组织的"人类非物质文化遗产代表作名录"，数量居全国首位；国家级非物质文化遗产名录 146 项；省级非遗共 611 项；各市、县（区）级非遗 4506 项。国家级非遗代表传承人 132 人，省级非遗传承人 400 人，各市、县（区）非遗传承人 4713 人。从数据可以看出，江苏省作为非遗大省，具有非遗资源丰富、项目多、传承人多的特点，从侧面也反映出江苏省非遗工作任务艰巨。

「2」非遗相关的机构

近年来，江苏省加大了对非遗机构设立的支持力度，各级非遗机构相继成立，据统计，目前江苏省已有非遗相关机构共 111 家，其中省属机构 1 家，南京市 13 家，无锡市 7 家，徐州市 11 家，常州市 8 家，苏州市 9 家，南通市 9 家，连云港市 7 家，淮安 9 家，盐城市 10 家，镇江市 7 家，泰州市 7 家，宿迁市 6 家。

「3」非遗相关工作人员

近年来，江苏省十分重视非遗人才队伍的建设，不断组织相关人员的招聘和培训工作，据统计，目前已有从事非遗相关工作人员 1763 人，其中省属工作人员 27 人，南京市 169 人，无锡市 69 人，徐州市 131 人，常州市 79 人，苏州市 141 人，南通市 121 人，连云港市 168 人，淮安市 331 人，盐城市 154 人，扬州市 80 人，镇江市 172 人，泰州市 70 人，宿迁市 51 人。

在非遗工作人员中，全省非遗专职人员共 241 人，约占总人数的 13.7%，与往年相比，已有明显上升，但仍然占比太少。各市非遗在编人员仅 366 人，约占总人数的 20.8%，较其他文化部门人数偏少。总体而言，非遗相关部门缺乏专职和在编人员，人才队伍单薄。

近年来，江苏省越来越多专业技术人才加入非遗保护队伍。据统计，专业技术人才 622 人，约占总人数 35.3%。其中，正高级职称 9 人，副高级职称 73 人，中级职称 174 人。该数据表明江苏省的非遗工作正在朝着专业化、规范化、学术化的道路发展。

表1 非遗调查结果

城市	项目资源（件）	实物（件）	文本（册）	录音（小时）	录像（小时）	调查报告（篇）	出版成果（册）	资源清单（册）
南京市	878	248	44	93	84	41	1423	54
无锡市		350	103		36	3	20017	
徐州市	2628	942	407	576	306	110	191	540
常州市	783	259	81	33	125	9	237	
苏州市	1244	1187	408	132	358	48	9062	4
南通市	1273	553	216	395	386	28	6008	5
连云港市	1208	606	368	40	33	11	1168	30
淮安市	2788	586	121	11	95	7	14	2
盐城市	2136	1095	180	1119	224	83	4139	19
扬州市	1932	2532	393	238	280	84	2053	108
镇江市	535	502	240	46	92	21	2187	2
泰州市	1412	611	479	80	113	36	1340	1
宿迁市	2187	1542	79	66	579	2	200166	6
省本级	995	46	89	963	548	36	10	6

表 2 出版成果

城市	非遗图书（册）	非遗专刊（册）	非遗乡土教材（册）	其他（册）
南京市	500	2	500	712
无锡市	10002	6	10002	10008
徐州市	11	8	11	103
常州市	6		6	10
苏州市	2015	1002	2015	4531
南通市		2		3006
连云港市	3	15	3	585
淮安市	3	4	3	7
盐城市	43	27	43	2070
扬州市	10	10	10	1028
镇江市	1000	3	1000	1094
泰州市	43	3	43	673
宿迁市	3		3	100083
省本级	4	1	4	5

「4」非遗的调查结果

近年来，江苏省对于非遗相关资料的搜集、整理工作力度进一步加大，已取得可喜的成果。据统计（见表1），现已发掘项目资源 19999 件，征集实物 11059 件，整理文本 3208 册，收集录音资料 3792 小时，录像资料 3259 小时，调研报告 519 篇，出版物 248015 册，其中非遗图书 13643 册，非遗专刊 1083 册，非遗乡土教材 109374 册，资料清单 777 册（见表2）。数据表明，江苏省的非遗调查工作成效显著，大量非遗资料得以记录保存，留下了众多宝贵的一手资料，同时从侧面也体现出江苏省非遗资源的丰富。

2 江苏省非物质文化遗产发展存在的主要问题

「1」在工业化、城镇化影响下，非遗的存续受到较大冲击

大多非遗产品原本是百姓日常生活的必需品，当它的替代品以质量好、价格便宜的优势涌入市场时，非遗

便面临被淘汰的境地。

「2」社会各界资源整合力度不足

目前，江苏省非遗保护工作以政府有关部门为主导，下设省、市、县（区）各级保护单位，自上而下的保护体系已基本搭建完成。但非遗的搜集、整理、保护、开发工作是一个非常庞杂的过程，而且江苏省非遗种类繁多，已被认定的非遗项目将近 3 万项，目前还有大量散落在民间的非遗项目未被发掘。仅已被认定非遗的保护、传承工作和未被认定非遗的搜集、整理工作，还需要大量的人力、物力。当下江苏省关于非遗的社会组织发展较快，如民间文艺家协会、民俗学会等，也包括新近成立的各级非物质文化遗产保护协会、各类文化公司、非遗公司等，还需有有效的统筹整合。

「3」非遗保护大多注重形式，对实质内容关注不足

近年来，江苏省加大了对非遗的收集和整理工作力度，许多濒临消逝的非遗得以记录在册。但绝大多数非遗在被认定或者确定传承人后便无人问津，被录入非遗名录，只是被冠以一个认定名号，大多非遗的保护仅局限于以影像、音频和文字的形式记载。活态的非物质文化被固化为静态的物质文化，这不是有效的保护。另外，还有许多非遗项目被搬上舞台，送进景区，在进行表演时，被展现的只是非遗形式，而不是非遗文化。非遗来源于生活，成长于生活，每一项非遗都有其生存的特定文化空间，一旦脱离原有的文化空间，非遗便也失去了文化内涵。

3 | 关于江苏省非物质文化遗产发展的主要建议

「1」突出政府主导地位，充分整合社会多方资源

应充分发挥政府的组织、管理、指导、监督等职能，整合社会各界的资源，发挥各类社会团体组织以及地方

高校在非遗搜集整理、保护、开发与理论建设等方面的优势。同时相关部门应进一步完善非遗保护体系，构建以政府保护为主、社会各界共同参与的新机制，寻求非遗工作开展效益的最大化。同时，还需要进一步制定与之配套的实施条例、规章、细则，建立监督体系，以确保非遗法律法规的有效实施。

「2」重视对老一代传承人的保护和新一代传承人的培养

政府相关部门应加大对传承人的扶助力度，建立传承人奖励机制，给予对非遗工作有突出贡献的传承人以经济奖励和荣誉表彰，充分调动老一代传承人的表率和领军作用，鼓励年轻一代加入非遗保护工作中来，支持年轻一代通过非遗创业创收。政府应成立非遗学校，对非遗传承人进行培训，同时招收新学员，邀请老一代传承人进校传授技艺，邀请专家学者教学非遗学理知识，为非遗的现代传承储备专业人才。

「3」保护与重构非遗文化空间，建设非遗专题博物馆和非遗基地

近年来党和国家高度重视"美丽乡村"建设，江苏省保留了大量历史文化村落，它们大多具有丰富的非遗资源。为此，应抓住保护历史文化村落、建设特色小镇、打造美丽乡村等契机，将非遗融入文化空间、重归百姓生活，建立文化生态保护区，进行非遗活态传承和保护，使它们获得更为强大的生命力。同时，政府应加大对各级非遗博物馆和非遗基地的建设力度，将那些文化空间难以重构的非遗项目吸收进非遗博物馆和非遗基地进行科学保护。由于非遗大多散落在民间，百姓保护意识淡薄，它们往往极易受到破坏，所以应搜集非遗的物质载体，将它们放入非遗博物馆或非遗基地，分门别类，进行收藏、展览和进一步研究。非遗博物馆和非遗基地应定期组织文化活动，如非遗工艺品的展览，非遗传承人技艺的讲授等。

「4」对非遗进行生产性保护，正确处理好保护和利用的关系

生产性保护是在符合保护规律的前提下通过生产来促进非遗的可持续发展，为此，不能仅满足于对非遗的搜集、整理和保存，还需要使得非遗能够在市场经济中生存，获得经济效益；同时，通过生产，让非遗产品扎根民间，走进千家万户，成为大众日常生活的一部分。由于非遗生存的文化土壤已经发生了变化，所以要进行生产性保护，必须要加以创新。江苏省地理位置优越，交通物流方便，非遗可以充分利用电子商务这一平台进行网上营销，将非遗产品推往全国各地。同时，江苏旅游业发达，非遗与旅游相融合，越来越多的非遗元素在景区亮相，不仅提高了非遗的大众认知度，也带来了经济效益。但是，在开发利用过程中要注意适度原则，不能随意篡改非遗的基本文化元素，非遗产品要走本真化、精品化道路，注重其文化内涵的展示和既有功能的再现。

「5」采用现代科学技术手段进行非遗保护

随着科学技术的不断进步，对于非遗的物质形态和非物质形态文化都能采用现代先进的科学技术进行数字化保护，如采用录音、录像、建模、3D打印等技术手段和建设非物质文化遗产数字展示博物馆等，这将是现代化保护的必然趋势。目前，江苏省的非遗数字化保护还处于初步发展阶段，尚未建立起非物质文化遗产数字化保护的发展规划。为适应新的发展形势，江苏省应尽快组织相关单位大力开发非遗数字保护的相关技术和网络平台，运用数字化手段开展非遗资料的记录、整理、管理和展示工作。

（资料提供单位：江苏省文化和旅游厅）

文博业改革发展报告

江苏是文物资源大省，文博行业发展迅速。社会各界人士积极参与文物保护和利用及博物馆建设；各级文物部门和文博单位切实处理好文物保护与利用的关系，处理好创造性转化与创新性发展的关系，自觉肩负起用好用活、转化发展江苏省丰富历史文化资源的时代重任。当下，面对新的文化使命，江苏省更要把高质量发展要求贯穿文物保护利用的全过程和各方面，使文物工作更好地服务全省发展大局，文物保护利用成果更好地与新江苏建设进程相适应。

1 | 江苏省文物保护和利用的现状分析

「1」基本情况

①行政主管部门基本情况

江苏省共有文物行政机构41处，从业人员517人，其中实有文物从业人员数106人，文物从业人员编制数25人；2017年度收入合计165744千元，其中文化类经费144206千元，在文物类经费中，行政运行经费18239千元，一般行政管理事务经费12222千元，文物保护专项经费59625千元。江苏省文物点（处）共有20007处，其中国家级文物保护单位224处，省级文物保护单位833处，市县级文物保护单位4000处。对外开放或利用省级及以上文物保护单位数521个，江苏省本级财政专项安排文物保护经费32345千元。

②文物保护管理机构基本情况

江苏省共有文物保护管理机构51处，各文物保护管理机构中共有从业人员380人，其中专业技术人才160人，安全保卫人员51人。专业技术人才中，正高级职称的有1人，副高级职称的有13人，中级职称69人。登记注册志愿者人数146人。藏品数28774件/套，其中一级品76件/套，二级品178件/套，三级品862件/套。2017年新增藏品数件28件/套。基本陈列23个，临时展览17个。2017年整年参观人次为2543454人，其中未成年人参观人次为371778人，本地居民参观人次为2273799人，境外观众参观人次为725人。2017年度，省内各文物保护管理机构共举办社会教育活动162次，参加活动人次为18735人，其中未成年人参加人次为10579人。门票销售总额1305千元。全省全年文物保护管理机构收入合计186432千元，其中财政补贴收入182266千元，上级补助收入994千元，事业收入768千元，经营收入1839千元，其他收入565千元。文物单位保护维修情况中，国保单位保护维修项目数19个，保护维修面积5024159平方米，省保单位保护维修项目数5个，市、县保单位保护维修项目数15个。进行考古发掘情况中，考古发掘面积15700平方米，出土器物2050件/套。文博单位创建新媒体情况中，创建网站数量为1个，网站年访问量有200000次；创建微信公众号、微博6个，关注人数有9332人次。

③文物保护科研机构基本情况

江苏省共有文物保护科研机构4所，其中无锡市、苏州市、连云港市、扬州市四市各有一所文物保护科研机构，分别为无锡市文化遗产保护和考古研究所，苏州市考古研究所，连云港市重点文物保护研究所和扬州市文物考古研究所。江苏省各文物保护科研机构中共有从业人员70人，其中专业技术人才37人，安全保卫人员11人。专业技术人才中，正高级职称的有5人，副高级职称的有10人，中级职称10人。登记注册志愿者人数80人。藏品数7570件/套，其中文物藏品6750件/套。2017年新增藏品数0件/套，修复文物数406件/套。2017年度收入合计49408千元，其中财政补贴收入49318千元，基建拨款5000千元，其他收入90千元。进行考古发掘情况中，考古发掘面积32195平方米，出土器物23000件/套。文博单位创建新媒体情况中，创建网站数量为1个，网站年访问量有20000次；创建微信公众号、微博3个，关注人数有2837人次。

④文物商店基本情况

江苏省共有文物商店8处，分别为南京文物公司、无锡市文物交流中心、徐州文物商店、常州市文物商店、苏州文物商店、扬州文物商店、镇江市文物商店和江苏省文物总店。江苏省各文物商店中共有从业人员180人，其中专业技术人才65人。专业技术人才中，副高级职称的有4人，中级职称33人。库存文物数有790746件/套。资产总计396663千元，营业收入161586千元，营业成本155899千元。全省2017年度文物商店营业利润为5687千元，其中南京市2816千元，常州市260千元，苏州市3857千元，扬州市1392千元。然而，无锡市、徐州市和镇江市营业利润为负，分别为-1801千元、-307千元、-530千元。江苏省各文物商店营业外收入2771千元，其中政府补助（补贴收入）1210千元。

⑤其他文物企业基本情况

江苏省另有文物企业6处，其中徐州市2处，泰州市1处，江苏省本级3处，分别为徐州博物馆文博斋（集体）、徐州汉艺斋服务部（集体）、兴化市郑板桥故居服务部（集体）、江苏文物旅行社、南京博物院服务部和江苏省长江文物艺术发展公司。各文物企业中共有从业人员43人，其中专业技术人才2人。专业技术人才中，副高级职称的有1人，中级职称1人。资产总计36049千元，营业收入11879千元，营业成本10016千元。6处文物企业2017年全年营业利润为1863千元。营业外收入中，政府补助（补贴收入）1148千元。

⑥文物拍卖企业基本情况

江苏省共有文物拍卖企业17处，其中南京市12处，苏州市1处，无锡市1处，常州市1处，徐州市2处。江苏省各文物拍卖企业中共有从业人员141人。资产总计341404千元，2017年营业收入26441千元，营业成本35813千元。2017年度全省文物拍卖企业营业利润为-9372千元。营业外收入172千元，其中政府补助（补贴收入）24千元。文物标的拍卖情况中，拍卖会场次有15场，上拍标的件数7319件/套，成交额105563千元，佣金额13089千元。

⑦文物机构基本建设投资情况

江苏省2017年度文物机构建设计划总投资249560千元，建筑面积24611平方米。其中，南京市计划总投资92500千元，建筑面积17874平方米，分别为王汉洲故居修缮、堂子街壁画艺术馆建设和南京城墙博物馆新馆建设。苏州市计划总投资157060千元，建筑面积6737平方米，分别为整治提升工程和苏州考古博物馆建设。

⑧文物保护资金支持项目基本情况

江苏省2017年度项目总预算971334千元，其中南京市368797千元，苏州市2220千元，南通市8450千元，扬州市581775千元，宿迁市10092千元。累计拨入项目资金710211千元，其中中央补助478154千元，省级专项补助31347千元，市、县级补助200710千元。2017年度项目资金共有242373千元，主要是财政拨款239964千元，其中中央补助118224千元，省级补助10373千元，市、县级补助111367千元。文物保护单位维修面积35800440平方米，本年修复文物数177件/套。

「2」文物保护工作进展

①大运河文化带建设取得阶段成果

江苏省及运河沿线各市深入贯彻习近平总书记关于

统筹大运河保护传承利用工作的重要指示精神，围绕省委把大运河建成"高颜值的生态长廊、高品位的文化长廊、高效益的经济长廊"的工作部署，迅速启动规划建设，展开系列工作举措。省文物局参加国家级、省级关于大运河文化带建设的多个调研活动、专题会议并提出意见建议，召开文物系统大运河文化带建设工作座谈会，完成大运河文化带文物保护利用专题研究报告，补充完善大运河遗产区和缓冲区内不可移动文物信息，加强运河沿线涉建工程审批监管，推动将世界文化遗产保护理念与地方经济社会发展实际有机结合。各有关城市均积极行动起来，充分发挥大运河遗产资源优势，认真研究本地大运河文化带建设思路和工作举措。淮安市率先完成《大运河文化带淮安段基础研究报告》，扬州市实施《大运河扬州段世界文化遗产保护办法》，常州市出台《中国大运河常州城区段两侧建设管控操作办法》，苏州市创新科技手段建立覆盖大运河苏州段河道及遗产点的监测、管理、研究三位一体监管体系，宿迁市对运河沿线龙王庙行宫、大王庙、皂河翻水站等文保单位和水利遗产点实施周边环境整治。

②文物资源得到有效保护

南京博物院藏甲骨文被列入"世界记忆名录"。省政府公布实施《江苏省传统村落保护办法》，公布第七批省级以上文物保护单位保护范围及建设控制地带，公布苏州、东台、高邮市的6个镇为江苏省历史文化名镇，溧阳市昆仑街道沙涨村等5个村为江苏省历史文化名村。江苏省第一次全国可移动文物普查领导小组对全省74家单位、163名个人给予嘉奖通报。省文物局实施2017年红色遗产、名人故居维修保护和展示提升工程，确定南京新四军一支队司令部旧址展示提升等21个项目。江苏省启动第八批省级文物保护单位申报工作，开展一般不可移动文物保护工作调研，基本完成江苏水文化遗产摸底调查和工程类现场调查，完成15项全国重点文物保护单位保护规划成果报批、2项全国重点文物保护单位保护规划编制立项、52项涉建工程建设项目上报和审批。省政府做好海上丝绸之路申遗相关工作，指导和协调苏州、南京分别做好江南水乡古镇、中国明清城墙联合申遗牵头工作，指导南京推进中华门瓮城保护工程和兴化申报国家历史文化名城，完成明孝陵监测预警平台建设方案和全省世界文化遗产巡视评估。各地在保护过程中，涌现不少亮点。镇江市协调各界投入资金近3000万元，实施英国领事馆旧址3号楼砖石文物抢救保护等13项文物保护工程；盐城市加强红色文化资源保护利用，将大丰粟裕指挥部、刘少奇旧居等重要革命遗址修缮提升列入市政府重点文化工程；泰州市规范城乡建设中的文物保护行为，积极配合海军诞生地旧址环境综合整治工程相关工作，做好主城区征收搬迁中的文物保护。

　　田野考古与大遗址保护也取得了新的成果。2017年度江苏省共组织实施265省道金坛段、常合高速公路等工程考古调查和勘探发掘，与省铁路办联合下发《关于进一步加强江苏铁路建设文物保护工作的通知》，全面加强铁路建设项目文物保护。江苏省组织第三批国家考古遗址公园申报推荐，高邮龙虬庄遗址获批立项，公布盱眙泗州城遗址等11处第三批江苏大遗址预备名单。"一带一路"考古工作有重要发现，太仓樊村泾遗址发现元末明初大批印证海外贸易的外销瓷器，如东国清寺遗址的发掘揭示了唐代日本第十九次遣唐使入唐第一站所在地的结构和布局，张家港黄泗浦遗址的发掘丰富了鉴真东渡港口遗址的内涵。在2016年度全国十大考古新发现评选中，镇江孙家村吴国铸铜遗址入围25项初评名单；在2017年度全国十大考古新发现评选中，太仓樊村泾遗址入围25项初评名单。

③资金、科研、人才、宣传等基础保障不断夯实

　　江苏是承担行政职能事业单位改革的首批试点省份，2016年省委省政府决定将省文物局并入省文化厅，省文化厅挂省文物局牌子，省文物局原有4个处室整合

组建为文物综合处（文物执法督察处）、文物保护处、博物馆处3个处室。省文物局积极稳妥推进机构改革及并入文化厅后相关对接工作，2016年12月初按时顺利完成改革，实现了平稳过渡。东南大学与南京市文物局《考古遗址保护展示设施的环境调控策略研究》等13个项目获2017年度文物科研课题立项，81篇论文获评2017年度全省文博优秀论文，扬州市实施科技考古工作，办好出土木漆器保护国家文物局重点科研基地扬州工作站，与陕西省文物保护研究院合作开展隋炀帝墓墓葬本体文物修复保护工作。省文物局在南京大学建立江苏省文博干部教育培训基地，2017全年举办两期江苏文博干部研修班，共培训近200人，并邀请新疆伊犁州文博干部15人参加培训；举办全省文物安全培训班，承办全国文物行政执法培训班，组织省内相关单位参加国家文物局主办的全国重点文物保护工程施工管理、综合行政管理平台应用、文物统计年报数据质量控制等各类专业性培训班；为省四套班子和市县党政领导赠订《中国文物报》，宣传推介文物工作情况，成功举办江苏省"5·18国际博物馆日"扬州主会场、文化遗产日暨第八届江苏省文物节系列活动；及时办理省内文物出境展览申报工作，配合国家文物局完成出境展览任务，完成入境展览审批改革备案管理。徐州市《讲徐州故事 谱汉风新韵—汉代文物系列外展》入选市创新项目。另外，省文物局参与国家文物局《中国文物志》（江苏部分）编撰工作，完成《江苏年鉴》《江苏文化年鉴》相关组稿工作。各地参与编撰的《精彩江苏·历史文化名城名镇名村》系列丛书也正式出版。

2 江苏省博物馆建设的进程及其特征

「1」博物馆「纪念馆」基本情况

江苏省共有博物馆（纪念馆）322处，其中南京市57处，无锡市62处，徐州市21处，常州27处，苏州市 44 处，南通市 24 处，连云港市 10 处，淮安市 11 处，盐城市 11 处，扬州市 10 处，镇江市 14 处，泰州市 19 处，宿迁市 9 处，江苏省本级 3 处。江苏省各文物保护管理机构中共有从业人员 6633 人，其中专业技术人才 2379 人，安全保卫人员 1731 人。专业技术人才中，正高级职称的有 156 人，副高级职称的有 326 人，中级职称 945 人。登记注册志愿者人数 11312 人。藏品数 1830926 件/套，文物藏品 878609 件/套，其中一级品 3424 件/套，二级品 18063 件/套，三级品 443375 件/套。各博物馆 2017 年度新增藏品数共有 43531 件/套，其中从有关部门接收文物数 4510 件/套，藏品征集数 21166 件/套。全省 2017 年度修复文物数 2852 件/套，其中一级品 33 件/套，二级品 39 件/套，三级品 208 件/套。博物馆基本陈列 846 个，临时展览 1134 个。全省全年博物馆参观人次为 91084926 人，其中未成年人参观人次为 23148193 人，本地居民参观人次为 89404082 人，境外观众参观人次为 1669604 人。2017 年各博物馆共举办社会教育活动 113725 次，参加活动人次为 2553330 人，其中未成年人参加人次为 1545536 人。全省全年博物馆门票销售总额 240133 千元。2017 年度收入合计 1675373 千元，其中财政补贴收入 1364670 千元，上级补助收入 75141 千元，事业收入 89997 千元，经营收入 110001 千元，附属单位上缴收入 196 千元，其他收入 35368 千元。文物保护单位保护维修情况中，国保单位保护维修项目数 13 个，保护维修面积 7569987 平方米；省保单位保护维修项目数 12 个，市、县保单位保护维修项目数 8 个。进行考古发掘情况中，考古发掘面积 386678 平方米，出土器物 10563 件/套，原址保护展示面积 13870 平方米。各博物馆主办刊物 32 个，文化创意产品种类 8081 个，文化创意产品销售收入 82341 千元，文化创意产品销售利润 22137 千元。文博单位创建新媒体情况中，创建网站数量为 81 个，网站年访问量有 65979274 次；创建微信公众号、微博 600 个，关注人数有 2673454 人次。

「2」特征

①博物馆建设发展迅速

近几年来，随着中国文化事业的发展，博物馆行业日渐兴起。在大幅度免费开放政策的扶持以及习近平总书记积极倡导的"让文物活起来"的热潮激励下，博物馆快速融入公众生活，赢得空前社会关注。2017年年末全国文化系统共有博物馆3217个，江苏省占有博物馆322个，占全国约10%的比重。由此可以看出，江苏省博物馆建设发展迅速。

在江苏省322个博物馆中，绝大部分是非国有博物馆，在博物馆总类中占了重要比重。金陵竹刻艺术博物馆（玄武区）、南京宝源斋博物馆（秦淮区）、李香君故居陈列馆（秦淮区、集体）、南京长风堂博物馆、南京麻凡艺术馆、无锡帅元紫砂博物馆（滨湖区）、无锡华夏生肖博物馆、江阴市宝壶斋茶具博物馆、宜兴市陶乐源美术陶瓷博物馆、无锡得一堂民间艺术品博物馆、徐州金瓶梅学会张竹坡纪念馆（铜山区）、徐州圣旨博物馆、常州横山博物馆（武进区）、常州乱针绣博物馆、苏州砖雕博物馆、观道博物馆（泰兴市）等非国有博物馆的建设极大充实了博物馆行业，为人民追求精神生活提供了便捷。

②各市县分布不均匀

江苏省内各市县博物馆分布不均。江苏省共有322个博物馆，其中南京市57个，无锡市62个，徐州市21个，常州市27个，苏州市44个，南通市24个，连云港市10个，淮安市11个，盐城市11个，扬州市10个，镇江市14个，泰州市19个，宿迁市9个，江苏省本级3个。南京市、无锡市、苏州市的博物馆较多。

③博物馆种类覆盖广泛

在全省322个博物馆中，博物馆的种类繁多，覆盖广泛。除了国有博物馆和非国有博物馆之分外，还有历史事件、著名人物、民俗事项等门类之分。部分博物馆因纪念一件历史事件而开设，如南京渡江胜利纪念馆、南京市太平天国历史博物馆、侵华日军南京大屠杀遇难同胞纪念馆、中共江阴一大会址纪念馆、盱眙县黄花塘新四军军部纪念馆等。部分博物馆因纪念一位历史人物而开设，如郑和纪念馆、南京鲁迅纪念馆、陆定一祖居、江阴市吴文藻冰心故居陈列馆、张謇纪念馆、周恩来纪念馆、沭阳县虞姬陈列馆等。部分博物馆则是得名于某一民俗事项，如南京江南丝绸文化博物馆、南京云锦博物馆、南京金都金箔技艺博物馆、无锡市民间蓝印花布博物馆、徐州汉画像石艺术馆、常州乱针绣博物馆、昆山昆曲博物馆、苏州丝绸博物馆等；或因诸多反映群众生活的民俗而开设，如南京市民俗博物馆、徐州民俗博物馆、连云港市民俗博物馆、沭阳县民俗馆等。另有一些博物馆或是因其为遗址而得名，如南京大报恩寺遗址博物馆、南京直立人化石遗址博物馆、无锡窑群遗址博物馆、无锡吴都阖闾城遗址博物馆、徐州市铜山区北洞山汉墓陈列馆、扬州汉广陵王墓博物馆等；因反映时代特色，展现科技进步而得名，如南京中华指纹博物馆、南京地震科学馆、无锡中国民族工商业博物馆、中国基金博物馆、苏州生肖邮票博物馆、李昌钰刑侦科学博物馆等；以及其他诸多博物馆覆盖群众生活方方面面，种类繁多。

3 ｜ 江苏省文物保护和利用及博物馆建设中的存在问题

目前，江苏文物保护和利用主要存在博物馆和各文物保护单位中专业人才匮乏、基层文物保护投入不充分、文物保护成果运用和文物功能作用发挥不充分以及各博物馆之间的发展不平衡等问题。

「1」专业人才匮乏，文物保护经费不足

纵观江苏省 322 个博物馆中，专业技术人才有 2379 人，但其中是正高级职称的只有 156 人，副高级职称的有 326 人，中级职称 945 人。个别博物馆内没有专业技术人才，绝大多数博物馆缺乏高级职称的专业技术人才。博物馆行业人才出现断层现象。另外，各文物保护单位的专业技术人才也比较少。

除此之外，文物保护是一项监管难度大、历时周期长的复杂工作，需要投入大量的经费，才能保证文物保护工作的顺利进行。江苏省各博物馆的经费投入相对不足，部分博物馆甚至没有财政补贴收入。

「2」部分博物馆藏品匮乏，文物展览形式单一

2017 年江苏省 322 个博物馆中共有藏品数 1830926 件/套，其中文物藏品 878609 件/套，文物藏品中一级品 3424 件/套，二级品 18063 件/套，三级品 443375 件/套。大部分非国有博物馆没有文物藏品。这说明江苏省还有相当大部分的博物馆藏品匮乏，有部分博物馆没有临时展览。博物馆的展览形式单一，各博物馆间缺乏合作，博物馆之间缺少资源共享，相互合作。

「3」文创产品种类少，品牌意识薄弱

江苏省 322 个博物馆中，文化创意产品种类 8081 个，文化创意产品销售收入 82341 千元，文化创意产品销售利润 22137 千元。2017 年江苏省虽然在文创产品方面取得了一些成果，然而省内博物馆的文化创意产品种类中，大部分由南京博物院所有，为 5370 个，占种类的 60% 之多。绝大部分博物馆较少甚至没有开发出自己的文化创意产品。

「4」对新媒体传播重视不够，博物馆数字化进程受阻

江苏省在博物馆的数字化方面成果颇丰，如南京市民俗博物馆的数字展馆在百度百科数字博物馆上线，是

南京地区首家入驻该平台的博物馆；常熟博物馆数字馆是中国首家进入百度百科数字博物馆平台词条的县级博物馆；2017年11月江苏古建园林营造数字博物馆正式上线，运用现代数字化网络技术，通过图片、视频、三维图像、互动视效等技术，解析江苏传统建筑和园林营造工艺与特色，展现传统建筑与古典园林的构造机理、营造方法和文化内涵等。然而，在网站发布这一模块，江苏省各博物馆仍处于劣势。文博单位创建新媒体情况中，举办网站数量为81个，网站年访问量有65979274次，举办微信公众号、微博600个，其中关注人数有2673454人次。在举办的81个网站中，南京市20个，无锡市7个，徐州市4个，常州市5个，苏州市13个，南通市13个，连云港市2个，淮安市2个，盐城市4个，扬州市3个，镇江市2个，泰州市2个，宿迁市1个，江苏省本级3个。由此可见，绝大多数的博物馆未建立网站，博物馆数字化建设进程受阻。

4 | 江苏省文物保护和利用及博物馆建设的对策建议

要牢固树立保护文物与保护生态环境同等重要的观念，把保护文物、传承优秀传统文化、建设共有精神家园作为文物工作服务大局的出发点和落脚点，统筹保护和利用自然资源与文化遗产资源，推进文化遗产的活化利用。

「1」加强宣传力度，培养文物保护意识

要着眼于文物资源众多、保护任务繁重的实际，不断夯实文物基础工作，继续做好各类文物资源的调查研究，着力改善各类文物的保存保管状态，推动由抢救性保护为主向抢救性与预防性保护并重转变。

要坚持依法保护、规划保护，坚持在保护中传承、在传承中发展，努力实现文物保护与经济发展、城乡建设相互协调、相互促进。要坚持把文物安全放在突出位

置，进一步强化文物安全责任，加大公开曝光、约谈督察、追责问责力度，持续推进文物安全状况大排查以及后续整改，坚决把好文物安全的红线、底线、生命线。

要全力维护《文物保护法》权威，依法压实压严各级政府在文物保护上的主体责任、相关部门的主管职责，严厉查处法人违法案件，坚决防止建设性破坏、开发性破坏和保护性破坏。

博物馆要起到带头示范作用，给社会大众树立良好的文物保护形象。丰富和扩展文物保护宣传教育渠道，可以深入校园和社区进行文物保护宣传教育，全方位地提高各类人群的文物保护意识；还可以开展讲座或者利用展览的方式进行宣传教育，积极开展"文物保护法宣传月"活动，通过宣传板报、标语横幅以及宣传车辆的方式，在人流集中的地方进行宣传，让民众能够亲临现场了解认识文物保护的重要性，从而提高民众的文物保护意识。

「2」整合不同层级博物馆，统筹苏南苏北博物馆发展

一是健全省市县共建博物馆管理机制，完善一二三级博物馆名录动态调整机制。针对省馆南京博物馆，实施建设世界一流、全国一流博物馆创建计划；针对市县级博物馆，实施"精微品牌"博物馆发展计划，支持市县级博物馆高品质、特色化、差异化发展；在其他共建发展路径上，建议通过对口帮扶、总分馆制、专题联盟、代管托管等模式，提升基本公共文化服务水平。

二是统筹苏南苏北博物馆发展。在历史文化资源丰厚地区，依托博物馆建立一批文化地标和精神标识。加强引导博物馆定位认知，挖掘地区文化内涵、凸显自身文化特点。如南京博物院可以在全省建立联动连锁发展；常州和无锡可以参照工业遗产模式；徐州和扬州作为千年古城有很多文物遗址有待发掘；泰州和南通则可以尝试整合所有博物馆资源，结合旅游发展博物馆群和文博休闲旅游。

三是可打破城市禁锢，融合发展。建议文物主管部门推广全省"博物馆会员"制度、巡回展览协作制度、文物调拨统筹制度、人员交流制度，把全省文物馆作为一个整体来运作，不要分头作战，要打一张"江苏牌"。建议借鉴美国博物馆协会 (American Alliance of Museums) 的相关经验，细化我省发展策略，根据我省博物馆会员制度总体情况推出江苏省博物馆联盟。

四是协调不同类属博物馆发展。建议大力推动自然类、科技类、艺术类博物馆发展。鼓励依托历史建筑、革命旧址、工业遗产、农业遗产等建设博物馆。倡导发展社区博物馆，以"小而精""网络+"模式发展博物馆社区教育。探索建立共建共管机制，将高校博物馆、国有企业博物馆等纳入博物馆行业管理体系，在充实藏品、保护修复、开放服务等方面，引导文物系统的富余资源支持博物馆行业，提高培训效果、提升人员素质、提供技术支持、共享发展成果。

「3」开发文创产品，塑造文创品牌

要着力建设以博物馆商店联盟为龙头的江苏博物馆文创产品研发基地，让文创产品商店成为博物馆"最后一个展厅"。各博物馆要积极推进文化创意产品发展，依托已有的特色文物研发文创产品，逐渐树立起独特的文创品牌。同时，要鼓励文博机构、社会力量利用文物资源进行文化创意产品开发，支持文化文物单位的文创产品开发省级试点单位在保障、激励、运营、传播机制等方面进行探索，为社会公众提供更为丰富多元、适销对路的文创产品和优质服务。要鼓励众创、众筹，以创新创意为动力，以文博单位和文化创意设计企业为主体，深入挖掘文物资源的价值内涵和文化元素，开发原创文化产品，大力发展文化创意产业，通过市场方式让文物活起来，丰富人民群众的精神文化生活。

「4」培养专业人才，加强文博人才队伍建设

以改善人才队伍结构为重点，实施人才战略。完善人才引进政策，积极引进海外人才、社会人才、科技人才、创新人才，参与重大文物保护科技项目和重点文物保护工程，建立健全高级人才跟踪培养服务制度。同时，通过社会招聘、委托培养等一系列途径，大力引进与培养复合型专业化人才，进一步健全文物部门与高等院校、科研院所合作共建、联合培养文物博物馆人才的工作机制。建立江苏省文物事业单位人才供需信息平台，为江苏省文物事业单位人才供需提供通畅渠道。培养一支既懂文博业务又有管理知识，年龄梯次和专业结构基本合理的新型专业人才队伍。

要加大对文物保护工作人员的培训教育力度，对文物工作人员进行定期培训，提高其专业技术水平。建议定期举办江苏省文博干部研修班，并根据业务需求，举办省级以上文保单位管理人员、新任博物馆馆长、文物安全等专题培训班。各博物馆可以通过聘请文物保护与利用以及博物馆行业的专家指导或者采取人才对外交流的方式，逐步提高文物保护工作者的专业理论知识和实际经验，从而组建一支高素质的文物保护队伍。另外，江苏省各博物馆间可以建立"人才流动"机制，相互帮扶。

「5」加强科技塑馆，推进博物馆数字化

当下全民进入数字化时代，博物馆数字化建设也刻不容缓。江苏省要积极推进智慧博物馆建设，建立以互联网为主要传播依托，以馆藏数字文化资源为基础，以网络媒介为传播平台的，集全省馆藏珍贵文物为主要内容，面向全体社会公众的公共数字博物馆。针对江苏省各博物馆网站数量较少的情况，要加大博物馆专门网站的建设，特别是一些具有独特性的博物馆，更要在网页上展示自己的特色，吸引游客参观。另外，要加大微博和微信公众号的创建力度。随着微博和微信公众号的普及，越来越多的人通过关注自己喜爱的微博和微信公众

号来获得知识和信息。江苏省各博物馆要积极创建微博和微信公众号，及时更新内容，实时展示最新动态，使民众在手机上就能了解到博物馆的最新动态。如此也能创新宣传方式，提升自身的知名度。

（资料提供单位：江苏省文化和旅游厅）

文化旅游业改革发展报告

1 发展概况

江苏省文化旅游业保持快速增长的态势并形成一定的产业规模，成为新的经济增长点，在推动本地经济发展方面起到重要作用。优美的自然景观和悠久的人文景观构成了江苏省丰富的文化旅游资源；江苏省旅游基础设施完善，各级政府重视文化旅游业在促进国民经济发展中的重要作用，通过政策引导大力支持文化旅游业的发展。以下通过对江苏省文化旅游产业发展概况进行整理，对江苏省各市级文化旅游业发展概况的相关数据进行统计，作为对江苏省文化旅游业的现状分析。

「1」全省文化旅游业发展概况

旅游业总收入及游客接待量不断增加。2017年江苏省旅游业总收入11662.18亿元，位列全国第二，同比增长13.6%，略低于全国15.1%的增速；全年境内外游客7.47亿人次，同比增长9.85%，低于全国12.8%的增速。其中，接待境内游客7.43亿人次，实现国内旅游收入11307.51亿元。

2013—2017年江苏省旅游业总收入及增长速度如下图所示，5年间江苏省旅游业总收入呈现上升趋势，年平均增长率为12.83%，各年同比增长率呈现波动上升趋势，2017年达到总收入及增长速度的双高峰，这反映了旅游业经济呈现快速增长的态势。2013—2017年江苏省游客接待总人数如图所示，5年间江苏省游客接待人数逐年上升，年平均增长率为 9.58%，反映了江苏省旅游业游客接待能力的不断增强。

· 图1 2013—2017年江苏省旅游业总收入及增长速度

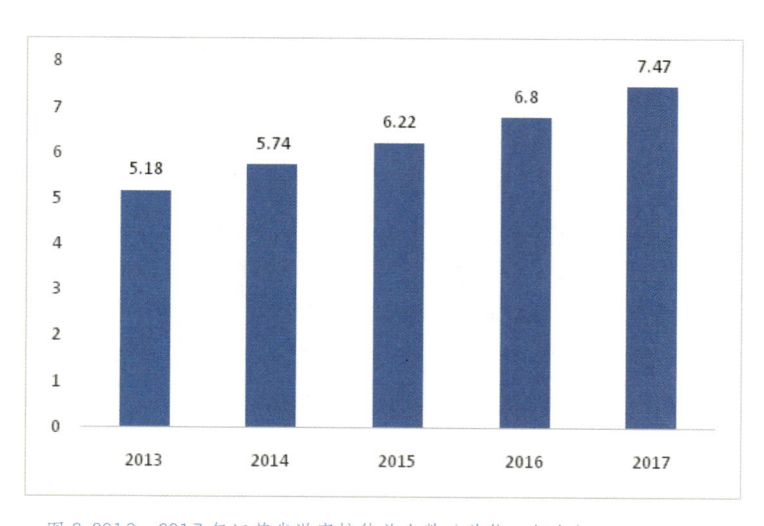

· 图2 2013—2017年江苏省游客接待总人数（单位：亿人）

旅游业增加值不断上升，对国民经济贡献率不断提高。2017年江苏省旅游业增加值为5195亿元，同比增长13.5%；旅游业增加值占全省GDP比重为6%，而全国旅游业增加值占GDP总量的比重11.04%。2013—2017年江苏省旅游业增加值及占全省GDP比重如下图所示，5年间江苏省旅游业增加值不断上升，年平均增长率为12.77%，占GDP比重保持在5%—6%的水平，远低于全国旅游业11.04%的占比水平。这反映了江苏省旅游业对国民经济贡献度的不断提高，正在逐步成为国民经济战略性支柱产业，但是仍存在上升的空间。

· 图3 2013—2017年江苏省旅游业增加值及占全省GDP比重

旅游业创汇收入呈不断上升趋势。2017年江苏省旅游业国际旅游外汇收入为41.95亿美元，同比增长10.28%，远高于全国2.85%的增速。2013—2017年江苏省国际旅游外汇收入如下图所示，5年来江苏省国际旅游外汇收入呈现上升趋势，年平均增长率为15.22%。这反映了江苏省旅游业在本省增加外汇收入、平衡国际收支方面的重要贡献。

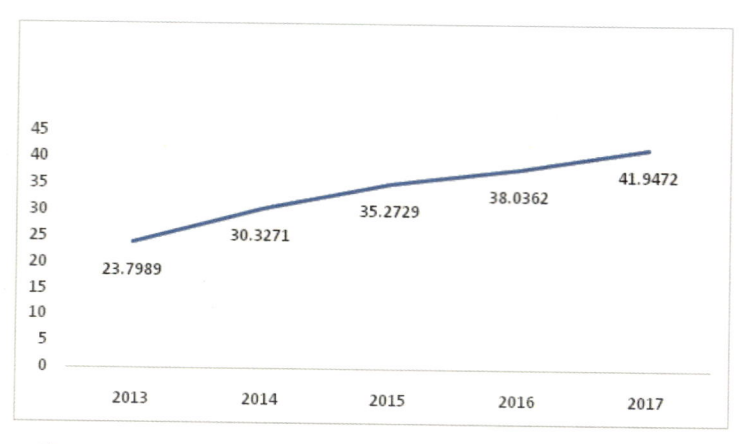

· 图4 2013—2017年江苏省国际旅游外汇收入（单位：亿美元）

旅游景区数量及游客接待人数不断增加，景区营业收入有所下降（数据截至2016年）。2016年江苏省旅游景区数量为632家，较2015年增加10家，旅游景区接待人数5.14亿人，年增长率为8.9%，旅游景区营业总收入2026400万元，年增长率为-4.8%，其中旅游景区门票收入562300万元，年增长率为8.9%，占景区总收入比重为27.8%，高于2015年24.2%的占比。

2012—2016年江苏省旅游景区接待人数及增长率如下图所示，5年间旅游景区接待人数呈现波动上升，各年增长速度波动较大，2013年出现小幅下降后呈现逐年上升，这反映了物质生活水平提高后人们对文化旅游这一精神文化消费需求的不断增加。

· 图5 2012—2016年江苏省旅游景区接待人数及增长率

  2012—2016年江苏省旅游景区营业收入及景区门票收入占比情况如下图所示，2013年江苏省旅游景区营业收入额及景区门票收入占比最高，2014—20163年间旅游景区营业收入波动不大，但门票收入占比却呈现小幅上升，这意味着近年来江苏省旅游景区缺乏新业态的开发，门票收入依旧是各旅游景区盈利的重要手段。

· 图6 2012—2016年江苏省旅游景区营业收入及景区门票收入占比

  A级旅游景区数量不断增加，4A及5A级景区数量占比不断提高。2017年江苏省A级旅游景区总数达到630家，位居全国第二，较2016年增加26家。其中，

5A级旅游景区数量为23家，名列全国第一，较2016年增加1家（常州市中国春秋淹城旅游景区）；4A级旅游景区数量为190家，较2016年增加11家（南京市大报恩寺遗址公园景区、常州市东方盐湖城道天下景区等）；3A级旅游景区数量为224家，较2016年增加14家（无锡市锦绣园景区、扬州市自在公园景区等）。全省3A级以上旅游景区数量437家，占江苏省A级旅游景区总数比高达69.4%。

黄金周游客接待能力逐年提升。2018年春节黄金周江苏省接待游客总数为2068.08万人次，与2017年相比增长5%，旅游总收入为251.72亿元，与2017年相比增长7%；国庆黄金周江苏省接待游客总数为4601.62万人次，与2017年比减少1%，旅游总收入为578.62亿元，与2017年相比增加2%。2011—2018年江苏省黄金周接待游客人数及旅游总收入如下图所示，8年间均出现逐年上升的趋势，春节期间，来苏旅游的游客较多。

· 图7 2011—2018年江苏省黄金周接待游客人数及旅游总收入

旅游项目建设不断加快。2017年全省在建旅游项目1266个，计划总投资11845亿元，当年完成投资2057亿元，同比增长8.3%，高于全省固定资产增幅0.8

个百分点，占全省固定资产投资的 3.9%，占第三产业投资的 7.8%。2013—2017 年江苏省完成旅游投资总量及占全省固定资产投资比重如下图所示，5 年间江苏省完成旅游投资总量不断提高，年平均增长速度为 12.06%，占全省固定资产投资的比重稳定在 3.5%—4% 之间。

· 图 8 2013—2017 年江苏省完成旅游投资总量及占全省固定资产投资比重

旅游星级饭店数量有所减少，质量有所提升。2017 年江苏省旅游星级酒店 649 家，其中五星级 86 家，四星级 162 家，三星级 311 家，二星级 90 家，四星及五星级旅游酒店占全部星级酒店的 38.2%。2013—2017 年江苏省旅游星级酒店数量及四星、五星级旅游酒店占比情况如下图所示，5 年间江苏省星级酒店数量逐年减少，2017 年江苏省旅游星级酒店数量仅为 2013 年的 71%，但是四星及五星级旅游酒店占比呈现逐年上升趋势。旅游星级酒店数量的下降反映出近年来江苏省对于星级饭店的评定标准逐渐严格，更加加强旅游星级酒店的质量管理和评定性复核。而四星级及五星级旅游酒店占比的增加则表明更多低星级的旅行酒店在竞争中被淘汰。

· 图9 2013—2017年江苏省旅游星级酒店数量及四星、五星级旅游酒店占比情况

「2」各市级文化旅游业发展概况

　　各市文化旅游业发展水平差距较大。2017年江苏省各市国内旅游收入、创汇收入、国内游客接待人数及排名如表所示，从表中可以看出，苏州市旅游业发展水平较高，国内旅游收入、旅游创汇收入及国内游客接待数均排名第一，这依赖于其垄断性的古典园林世界文化遗产和独特性的江南水乡古镇等文化旅游资源。江苏省省会城市南京市国内旅游收入、旅游创汇收入及国内游客接待数均位列第二，其中国内文化旅游收入水平与第一名苏州市差距较小，但旅游创汇收入仅为苏州市的34%，国内游客接待人数也存在一定差距。这反映了南京对境外游客的吸引力不足。除苏州市和南京市以外，无锡市和常州市国内旅游收入、旅游创汇收入水平及国内游客接待数也名列前茅。

　　2017年江苏省各市国内旅游收入最高为苏州市2161.32亿元，最低为宿迁市186.9亿元，极差为1974.42亿元，宿迁市国内旅游收入总额仅为苏州市的8.64%，各市国内旅游收入的平均值为869.8亿元，标准差高达640.59。2017年江苏省各市旅游创汇收入最高为苏州市23亿美元，最低为宿迁市0.1亿美元，极差为22.9亿美元，宿迁市旅游创汇收入不到苏州市的

1%，各市国内旅游收入的平均值为 3.2 亿元，标准差为 6.08。这反映了江苏省各市文化旅游发展不均衡，区域间发展差距较大。

表 2-1　2017 年江苏省各市国内旅游收入、创汇收入、国内游客接待人数及排名

城市	国内旅游收入（单位：亿元）	排名	外汇收入（单位：亿美元）	排名	国内游客接待人数（单位：亿人）	排名
南京	2020.43	2	7.9	2	0.87	2
无锡	1702.64	3	4.2	3	0.7	3
徐州	658.92	7	0.5	9	0.3	7
常州	936.79	4	1.5	4	0.44	4
苏州	2161.32	1	23	1	0.94	1
南通	601.43	8	1.3	5	0.27	8
连云港	454.12	9	0.27	11	0.21	9
淮安	353.66	10	0.21	12	0.18	10
盐城	311.75	12	0.82	7	0.17	11
扬州	785.29	6	0.75	8	0.4	5
镇江	812.87	5	0.85	6	0.39	6
泰州	321.39	11	0.41	10	0.16	12
宿迁	186.9	13	0.1	13	0.1	13

根据 2017 年江苏省各市国内旅游收入、创汇收入、国内游客接待人数及排名，可对江苏省 13 市文化旅游业发展状况进行梯度划分。第一梯度：苏州、南京、无锡、常州，这一梯度地区属于江苏省文化旅游发展强市，各项指标均排名靠前，旅游经济收入较高，游客接待能力强；第二梯度：徐州、南通、盐城、扬州、镇江，文化旅游收入情况良好，但与第一梯度的城市相比仍存在差距；第三梯度：宿迁、泰州、淮安、连云港，这一梯度地区属于江苏省文化旅游发展较弱的地区，各项指标的排名均排在末五位，具有较大的发展空间。

「3」江苏省文化旅游产业 2017 年重点项目

为贯彻《省政府关于推进旅游业供给侧结构性改革促进旅游投资和消费的意见》（苏政发〔2016〕134 号）

精神，落实《江苏省"十三五"旅游业发展规划纲要》的要求，深入推进省重点旅游项目建设，在对各地推荐报送项目综合评审的基础上，江苏省文化和旅游厅确定了50个省级年度重点项目，包括苏州水秀天地旅游综合体项目、苏州华谊兄弟电影世界2个竣工项目、南京老山生态旅游体验园建设项目等35个在建项目以及句容恒大童世界等13个新建项目。下面选取淮安大运河文化遗产保护项目、奥悦镇江冰雪乐园项目、句容恒大童世界项目三个具体项目进行介绍。

①淮安大运河文化遗产保护项目

大运河成功入选《世界遗产名录》以来，淮安市持续发力，聚焦打造运河之都城市文化名片，多措并举加强运河文化遗产保护工作，取得丰硕成果。坚持高位协调，传承留驻运河文化记忆。将大运河遗产保护纳入经济、社会、文化、环境、财政预算政策体系，市委市政府主要领导多次现场解决重大问题，在人力、财力、物力方面给予充分保障。成立以副市长为组长的大运河淮安段遗产保护管理领导小组，全面负责大运河文化带的文化遗址挖掘、保护利用、研究和传承工作；建立完善与省文化厅、省文物局战略合作机制，聚合多方资源共同推动运河文化遗产保护和发展。

保护利用并举，挖掘彰显运河文化风采。计划总投资260亿，创新打造国家"AAAA级"景区——里运河文化长廊体验区以及堤岸景观带、河道风景带。项目以清江浦文化商业休闲区、运河文化主题园、运河文化国际交流中心、萧湖文化旅游区为主体，以清江大闸、运河博物馆群、慈云寺、文庙、陈潘二公祠、观音庵、牛行街、御码头、赛珍珠故居、运河美食城、漕运码头文化街区、漕船、漕御、漕盐文化园、体验园、文生态园、盐商盐园、漕运码头、天下粮仓博物馆、漕船制造体验馆、文化大讲堂等景观配套设施为依托，打造集商业、娱乐、文化、饮食、休闲于一体的多功能运河文化游览区。

突出宣传展示，生动诠释运河文化特质。以"政府主导、市场运作"为原则，鼓励企业社会力量参与运河文化长廊建设。同时，利用会议、广播、电视、宣传栏及网络新媒体等多种渠道广泛宣传里运河文化带建设的重大意义和作用，通过举办中国大运河遗产保护管理论坛，邀请国内知名学者举办专题报告会形式，深入研讨运河文化遗产保护、管理、开发、利用的路径；挖掘整理大运河史料，编写《里运河名胜（淮安段）》《淮安里运河故事》《运河文化研究论文集》等丛书，为运河文化保护提供鲜活史料素材；结合文化遗产日、国际博物馆日等重大文物保护时间节点，开展运河文化遗产宣传教育进校园、进社区活动，形成社会广泛参与的良好氛围，凝聚里运河文化长廊建设的强大合力。

②奥悦镇江冰雪乐园项目

镇江奥悦冰雪乐园项目位于江苏省镇江市大港新区，涵盖"五馆一校两中心"，主要功能业态为：滑雪馆、戏雪馆、冰壶馆、游泳馆、健身馆、青少年运动培训学校、冰雪产业国际交流中心、运动员接待中心、温泉度假酒店和奥地利风情小镇等综合性旅游设施。雪域面积达2.8万平方米，其中雪道分初级道、中级道、高级道，滑道总长度630米，戏雪区面积7000多平方米。大型水上乐园项目和大型停车场也将为配套设施同步建设，是体育、娱乐、住宿、购物、文明、旅游等多功能一体的体育旅游产业项目，有望成为世界一流水平的冰雪体育旅游项目，预计每年可接待游客200万人次以上。目前在当地政府大力支持和推进下，项目的冰雪馆主体桩基已经完成，冰雪馆主体正在紧锣密鼓的建设中，奥地利风情小镇（展示中心单体）已经建成，奥悦冰雪乐园预计于2018年年底投入运营。

镇江奥悦冰雪乐园仅仅在进行基础建设阶段就已经荣耀上榜，相信在不久的将来，镇江奥悦冰雪乐园建成之后将为镇江生态旅游提供一个新的一站式休闲旅游度假区，助力镇江打造城市旅游新名片。

③句容恒大童世界项目

句容恒大童世界项目总共投资1050亿，以中国文化、中国历史、中国故事为核心内容，打造"全室内、全天候、全季节"大型主题乐园。恒大童世界项目对内将填补区域旅游市场空白、拉动旅游消费增长，对外有望形成远程号召力。恒大童世界由来自美国Ideattack、ITEC、澳洲Sanderson等世界顶级设计机构的325位设计大师担纲设计和创意，目前35栋大型乐园单体施工图设计已全部完成。此外，恒大童世界所有的大型游乐设备均由荷兰VEKOMA、意大利ZAMPERLA、德国HUSS等全球顶级的游乐设备供应商生产。

恒大童世界六大主题区包括璀璨中华主题区、魔幻西欧主题区、神秘古国主题区、探险南美主题区、漫游海洋主题区、穿越太空主题区。项目坚持传承文化，立足华夏五千年文明，以中国历史、名著、神话、传说，古希腊、古埃及、古阿拉伯、西欧等世界经典童话神话为背景，构建全球主题公园新王国。项目以华夏五千年文明为核心，融合中国历史、名著、神话、传说之精髓，徜徉在神话历史的长河里，领略中华文明的灿烂辉煌。诸多中国经典文化元素开创性地融入游乐项目中，让少年儿童在游乐体验的同时，又能领略中国文化的独特魅力。项目以丹麦安徒生童话、德国格林童话以及英、法、意等地著名童话为主题，创造广阔的想象与探索空间，带来魔幻游乐新体验。以希腊荷马史诗、古埃及神话、古阿拉伯一千零一夜童话等为原型，通过特效表演的互动体验、身临其境的魔幻场景，再现古文明的神秘世界。以原生态南美亚马逊热带雨林为场景，集丛林漂流、奇趣探险、视觉艺术为一体，开启趣味十足的全方位探险之旅。

2 面临的主要问题

「1」文旅资源整合难度大，各市文旅产业发展水平悬殊

随着社会经济的发展，人们的需求正越来越多的倾斜到精神层面的需求，这就成为文化产业发展的一个新的增长点，并由人们的精神文化需求衍生带动的其他相关需求，也必将为经济发展提供新的动力。但是江苏的旅游、文化资源由于资源分布较分散，南北跨度大，地域性特征明显，资源整合难度较大。以及13个设区市在区域经济发展水平、旅游资源分布、交通条件、旅游基础及服务设施水平等因素上的差异，导致了江苏省各市文化旅游产业发展水平差异较大，影响了江苏省文化旅游业的一体化发展。

「2」旅游产品文化内涵挖掘不深入，产品创新能力较差

近年来江苏省各旅游景区营业收入中，门票收入占比较大，旅游景区缺乏新业态的开发，文化旅游产品缺乏创新。文化旅游产品的开发需要对旅游资源的相关文化进行深入挖掘与整理。江苏文化旅游产品的开发过程中存在两个问题，一方面，缺乏对文化旅游资源所蕴含的文化价值的深入挖掘，在全省范围内缺乏有影响力的甚至享誉全国的、具备江苏特色文化的文化旅游产品。另一方面，部分旅游产品的开发又过度强调文化层面的研究，但是在研究成果产品化、产业化的开发利用上存在明显短板。

「3」高素质创新人才缺乏，阻碍文旅产业深度融合

首先，人才市场供需不匹配。目前江苏文化产业人才主要以经营管理型人才为主，缺乏具备技术创新能力的创意人才和品牌运营人才，人才结构难以适应文旅产业创新融合和品牌建设的需求。其次，行业从业人员整体素质有待提高，学历层次普遍较低。数据显示目前江苏文化产业从业人员本科以上层次的人才占总体的

35%左右，低于其他经济部门。文化旅游产业的融合以及旅游新业态的发展，对文化旅游从业人员的自身素质、工作能力、技术水平及经营管理能力提出更高的要求。目前江苏省在高技能文旅人才培养、培训机构建设以及人才的个人发展渠道等方面仍大有可为，尤其是房车露营地建设、旅游资本运营、文创产品设计开发等新业态领域培养机制不健全、人才储备有待提升。

3 江苏省文化旅游业未来展望

「1」丰富文化旅游业态，创新旅游衍生产品开发

通过丰富文化旅游业态，创新旅游衍生产品开发的方式，打造具有江苏地方特色的文化旅游品牌。加强对文物及非物质文化遗产的保护利用，利用江苏省在文化旅游资源方面的明显优势，深入挖掘江苏省各地的旅游资源的文化内涵与价值，不断丰富文化旅游业态，推进旅游项目的开发，将文化元素充分注入吃、住、行、游、购、娱、商、养、学、闲、情、奇等各旅游要素，推出更多江苏文化特色鲜明的主题旅游产品和服务，打响江苏特色文化旅游品牌。开发具有江苏地域特色的戏剧、文学、绘画、音乐，打造传统民俗、传统商业、传统娱乐等江苏文化主题旅游项目。提升文化会展品牌活动影响力，发挥文博旅游优势，办好精品体育赛事，丰富文化旅游的业态。支持开发康体养生、运动、娱乐、体验等多样化、综合性旅游休闲产品，建设一批休闲街区、特色村镇、旅游度假区，打造便捷、舒适、健康的休闲空间，提升旅游产品开发和旅游服务设计的人性化、科学化水平，满足广大群众个性化旅游需求。发展校园观光、科技观光、科教文化体验、工业旅游等旅游服务。扶持旅游演出，繁荣夜间旅游市场，促进文化旅游消费。

「2」因地制宜发展文旅业，差异化打造各市文化旅游品牌

对于以苏州、南京为代表的第一梯度城市，文化旅游资源融合程度高，经济社会发展水平高，拥有雄厚的物质基础。应致力于开发具备影响力、竞争力的高端文化旅游产品，并加大特色项目的开发，走精品文化旅游发展路线。对于以徐州、扬州为代表的第二梯度城市，社会经济交通等各方面发展水平略低于第一梯度的城市，应发挥各自优势，例如，徐州和扬州是典型的历史文化名城，盐城具备典型的生态文化旅游特色。对于宿迁等第三梯度城市，应该首先完善城市基础设施，并加强与周边城市的合作。

政府根据实际情况对各个地区进行梯度规划，对各个地区进行合理的定位，一方面，针对发展较弱的地区给予适当的政策倾斜，带动落后地区的文化旅游发展。另一方面，通过对各地文化旅游资源的统筹整合，充分利用跨区域分布的文化旅游资源，根据不同城市的各自特点和优势进行科学合理的分工，发挥各城市产业优势的同时，促进江苏省各地文化旅游协同发展。此外，在各市进行文化旅游品牌打造的过程中，要突出表达各地不同的文化旅游资源优势，避免品牌形象趋同，建设独具地方特色的景区和文化旅游项目。

「3」推进体制机制改革，打破政策壁垒限制

文化旅游业长期活跃的基石在于市场、在于资源的产业化，一旦资源商品化受到限制，旅游要素供给无法适应游客多层次、多样化的需要，产业的进一步开拓就面临重重障碍，因此必须从旅游管理体制和产业发展机制两个方面，深入推进旅游产业的体制机制改革，提升江苏省文化旅游业服务水平。

在文化旅游管理体制改革层面，在完成文化和旅游部的机构改革之后，逐步完成部门内部的职能分工和整合，强化和明确相关机构各自的职能责任，同时

加强量化考核，使旅游管理体制更能适应产业发展的现实需求。

在产业发展机制层面，要进一步理清管理者（政府）、经营者（景区）和消费者（游客）等各方的利益关系，审视和明确行政管理部门的职责和角色，各方主体各司其职、各管其事，做到"不越位、不错位、不缺位"，通过旅游市场运行机制改革激发产业活力和生命力。重点完善市场主体利益保障机制，提升产业要素和旅游资源市场化经营的能力和水平。具体来看，一是要将旅游资源管理权和经营权分离作为改革的核心内容，放宽政府对市场的人为限制，明确各类资本、各类市场主体可以通过多种方式投资于江苏省文化旅游业，助力江苏省文化旅游资源开发；二是要加快推进景区改革，引导事业单位经营管理的景区向企业化过渡，通过企业化运作提升其现实市场竞争力；三是要深化旅游企业内部公司制改革，在企业内部建立法人治理结构，使景区经营机制真正与市场机制接轨，摆脱景区过于依赖门票收入的盈利模式，形成景区持续生存和发展的内生动力。

「4」培育高素质创新人才，加速文旅产业融合

文化旅游产业的高端人才缺乏是制约当前江苏省文化旅游业发展的主要因素之一。需要采取多种措施来吸引文化旅游相关领域专业型人才进驻江苏。首先，有关部门要加快建立文化旅游人才培养、引进和激励机制，完善各项基础设施，为来苏工作的高端文旅人才提供舒心的生活环境和良好的工作环境。其次，要加强同地方高等院校、专业学校的人才对接和合作，为文旅企业和高效开辟人才输送专门渠道，形成"产学研"融合的人才培养模式。要优化文旅融合的人才构成，挖掘和培育创意创新人才，突出业绩导向，鼓励文化旅游从业者进行创造和创新。最后，全省各地可以根据实际，设立旅游新业态人才培养和实践基地，由相关主管部门和机构

负责牵头和管理，合理设计相应的教学培养计划，聘请在生态旅游、乡村旅游、文化产业发展等领域取得卓越成果的专家学者及业界高管参与授课和研讨，为江苏省文化旅游业发展提供能力与知识兼备的复合型人才。

「5」积极应用先进科技技术，推进智慧文化旅游平台建设

现代科技是文化旅游深度融合的重要推动力量。在传统旅游产业中融入智慧、智能的发展理念，利用互联网、大数据、云计算和数字新媒体等技术提供针对性、定制化服务，以互联网思维组织旅游规划设计、旅游产品开发、旅游活动开展及旅游市场营销等活动，重构江苏省旅游业价值链，形成江苏省文化旅游融合发展的科学范式。同时整合江苏省现有旅游和文化资源，推进江苏省文化旅游资源数据库、智慧旅游公共服务平台、电子商务平台等建设，搭建更多集聚和容纳各种社会力量创新、创意、创业的平台，促进文化旅游和科技深度融合，提升江苏文化旅游的核心竞争力。

「6」借助新媒体渠道，加大江苏文旅形象宣传力度

加快推进江苏文化旅游品牌化战略，整合江苏省重要的和知名的文化资源，从创新引领、责任发展和文化自信三个方面持续发力，加强与有关部门、学术机构、行业协会合作，在文化旅游城市建设、地方文化挖掘、特色文旅产品和服务的开发等方面形成江苏省特色、个性和品牌，同时借助微博、微信公众号、YouTube 和 Twitter 等新媒体渠道推介江苏省特色旅游资源。

文化旅游品牌的传统推广模式主要靠报刊发行和电视报道，效果不够明显。新媒体大大突破了传统媒体的介质壁垒，用户可随时随地了解江苏文化旅游项目及活动的第一手信息，受众获取信息变得更迅捷、更精准。具体可以采取两种新媒体宣传措施：一是在自己的新媒体平台上进行文旅精品项目及活动的直播；

另一种是与门户网站合作，进行活动直播，同时借助利用微信、微博等热门新媒体平台进行推广宣传，制造声势。

（资料提供单位：江苏省文化和旅游厅）

叁

·区域篇：
江苏十三地市文化改革发展报告

南京市文化改革发展报告

2017—2018年，南京市高扬改革旗帜、聚焦四梁八柱、推进制度创新、强化督察落实，顺利了完成文化发展的重点任务。

1 体制机制创新

「1」完善思想理论建设工作制度

一是推进习近平新时代中国特色社会主义思想深入人心。2018年印发《关于进一步加强党委（党组）理论学习中心组学习的通知》，组织市委中心组学习，市委被评为全省县以上党委（党组）理论学习中心组示范点。组织开展解放思想大讨论活动，承办全省解放思想大讨论活动首场主题论坛，编发《党员干部理论学习应知应会》。

二是加强"梧桐论语"线上线下组织建设。成立习近平新时代中国特色社会主义思想南京市基层宣讲团及各区分团，命名3批"梧桐论语"理论宣讲者，组建千人基层理论宣讲队伍。推进全市首批重点新型智库建设，评审确定2018年市社科基金春季项目暨习近平新时代中国特色社会主义思想专项42个立项项目。

三是建立健全新闻发布舆情研判宣传管理机制。2018年，紧紧围绕重大主题以及市委市政府重点工作、重大活动，精心做好宣传报道。其中中央主要媒体全年刊（播）发有关南京的文字、图片、音视频稿件1800余篇，网络正面报道17.6万余篇（次）。系统推进例行新闻发布工作制度，召开例行新闻发布会60场，发布各类主题108个。加快推进媒体融合发展，推动南京报业传媒集团建立"报网端微"融合传播和"移动优先"传播体系、广电集团组建融媒体新闻中心和开发"在南京"等新媒体应用平台。成立江苏城市广电协作联盟、南京都市圈城市广电协作联盟，上线2.0版紫金山新闻客户端。

「2」健全文化管理体制机制

一是不断优化文化供给，有效提升群众文化获得感幸福感。召开全市文艺精品创作生产工作会议，出台《关于加快文艺精品创作高地建设推动南京文化高质量发展的实施意见》《南京市文艺创作规划（2018—2021）》，推进《金陵全书》《南京历代运河》图书出版，推出话剧《杨仁山》、越剧《乌衣巷》、民族管弦乐《桃花扇》、舞蹈诗剧《节气江南》等精品力作。组织开展南京艺术基金相关工作，确定180个拟资助项目。举办庆祝改革开放40周年南京发展图片展，营造深化改革的良好社会氛围。拟定《南京红色文化资源点保护利用专项规划》，协调推进雨花台烈士陵园碑林建设和雨花台全国红色文艺创作基地建设。

二是建立健全网信工作体制机制，深化拓展网络管理。召开市委网络安全和信息化领导小组（扩大）会议，制定南京市《关于加强网络安全和信息化工作的实施意见》《南京市网络安全三年行动计划（2018—2020年）》，正式设立市委网信办。加大网上正面宣传力度，刊发全市重大主题网络宣传推介稿件60余万篇次，阅读量达1亿。围绕热点事件撰写网评文章620余篇，在论坛网站和微博等平台转发、跟帖、评论近4万条。

三是逐步完善文化市场综合执法管理体系。市文化市场综合执法总队制定了行政管理工作规范、执法程序规定、重大案件集体讨论等一系列制度，通过"大比武"等多种形式选拔了一批执法骨干。玄武区等 6 区原执法大队人员划转市总队工作结束，江宁区等 5 区大队更名完毕，全市的文化市场综合执法改革工作在全国省会级城市中走在前列。

四是协调推进市文联作协、市记协改革。市文联就作协改革相关工作深入开展调研，赴全市 11 区、13 个街道文联，共收集了 50 余条意见和建议，并在征集相关艺术家、有关部门、协会、事业单位等基础上，制定了《南京市文联深化改革方案》。创新文艺志愿服务机制，通过文艺志愿活动与南京文艺家"文化惠民再出发"活动的资源整合，建立与完善"菜单服务"机制。市委宣传部、市记协会同相关部门，拟定《南京市新闻工作者协会深化改革方案》，现已按有关程序上报审批。

2 文化事业成果

「1」大力推动文化领域行业组织健康有序发展

梳理全市 176 家"文化领域"社团组织，深入调研其中 31 家行业协会发展成效、存在问题与对策举措，制定《关于加强文化领域行业组织建设的实施意见》，进一步强化党对文化领域行业组织的领导，健全文化领域行业组织的准入退出机制，着重解决当前南京市文化领域行业组织存在的总体发展不够、活力不足，在提供决策咨询、服务行业发展、扩大对外交往等方面作用有限，以及党的建设需要加强等问题。组织调研全市互联网企业党建工作，积极筹备成立市互联网行业党委。

「2」积极推进文化事业单位法人治理结构建设

目前南京市博物总馆、金陵图书馆、南京文化馆进行文化事业单位法人治理结构建设试点的工作已经完成，金陵美术馆法人治理工作正在推进中，已对相关方案进行了论证，并按照立法程序召开了立法论证会。

「3」积极促进基本公共文化服务标准化均等化

制定了《政府向社会力量购买公共文化服务工作的实施意见》《南京市公共文化服务政府采购和资助目录》，提高了文化供给的质量和效益。不断推动村（社区）公共文化服务中心建设，将建设推进率先纳入市政府对各区的综合考评，新建432个村（社区）综合性文化服务中心；完成全市公共图书馆第六次全国图书馆评估定级，金陵图书馆及13个区级图书馆全部评为国家一级馆。江宁区顺利通过第三批国家公共文化服务体系示范区创建验收。成功举办全市2018年公益演出政府采购会、第二十三届南京读书节、2018南京书展。拓展全民阅读阵地，新建84个"图书漂流驿站"，实现全市农家书屋与区图书馆实现资源共享、通借通还（一卡通）全覆盖。市文化惠民"百千万工程"入选第二批国家公共文化服务体系示范项目，南京市和江宁区成为首批"江苏省书香城市建设示范市（县、区）"。

「4」深化明城墙管理体制机制改革

出台《关于进一步做好南京城墙保护利用和申遗工作的实施意见》，协调相关联合申遗城市，共同推进城墙遗产保护与申遗的基础工作。拟定明城墙管理体制调整方案。

3 | 文化产业成果

「1」推进国家文化消费试点城市建设

出台《关于文化消费政府补贴剧目管理实施细则的补充说明》，完善国家文化消费试点城市（南京）智能综合服务平台服务功能。截至三季度，入驻的114家演出机构共申报政府补贴剧目532部711场，经过专家评审最终确定获得政府补贴的剧目为274部494场，申报剧目获补率为51.5%。南京市用于剧目补贴的资金743万元，总票房6200余万元。共有14.3万人参与消费，其中外地人口4.3万人，占比30%，消费合计2365万，总体拉动消费比为1∶12.5。

　　南京市推动"政府发'红包'，打折看好戏"活动。从2017年开始连续2年落实1500万元专项资金，以政府补贴形式投向演出市场的供给端和消费端，极大地调动起演出机构的积极性和市民的观演热情。一年多来，参与消费的观演人次达32.8万，直接、间接拉动文化消费规模近1.6亿元。以政府补贴带动文化消费的"南京模式"，得到了文化和旅游部领导的认可与肯定。2018年6月，南京被文化和旅游部列入全国文化消费试点工作第一档10个城市之一，位居全国第一方阵，并获得了以下主要成果：带火演出市场，直接拉动文化消费规模近亿元；普惠演出产业链，引领观众来南京追剧；搭建一站式智能服务平台，通过大数据让演出精准惠民等。

「2」**着力推进国有文化企业深化改革**

　　拟定《关于推进市属国有文化资本做强做优做大的实施意见》，发挥国有文化企业在文化产业发展中的主力军作用。调研起草《关于促进市属文艺院团深化改革的实施意见》，增强市属文艺院团发展活力。加强国有文化企业党的建设，印发《关于全面加强新时代全市宣传文化系统党的建设的实施意见》。推进国有文化企业建立现代企业制度，按照"有统有分、一企一策"原则，进一步落实完善《市属文化企业绩效考核管理办法》。

「3」**加快推进文化产业融合发展**

　　围绕创新名城建设，推动文交会转型更名为文化科技融合成果交易会，打造国内首个文化科技融合品牌展会。整合全市涉外资源，同相关部门论证完善《南京文化走出去行动规划》。成功举办第四届世界知名城市"南京周"、南京创意设计周、南京书展等活动，促进全市文化产业发展。2018年全市文化产业增加值占GDP比重预计达到6.3%，全市规模以上文化企业达到1500家以上。文化金融工作继续呈现良好势头，截至2018年10月末，累计发放贷款127.06亿元，服务企业3793批次，户均452.16万元。其中基准利率贷款54.67亿元，占比43.03%；信用贷款23.52亿元，占比18.51%；初创期、成长期文化企业贷款109.39亿元，占比80%以上。"文化千企信用评价"系统10月上线服务，目前已经为200多家文化企业出具信用评价报告。

南京在促进文化与科技融合发展方面，采取了一些有力举措。2018年11月2日—4日，由江苏省委宣传部、江苏省科学技术厅、江苏省委网信办、江苏省文化和旅游厅、江苏省广播电视局和南京市人民政府共同主办的2018中国（南京）文化科技融合成果交易会（以下简称"南京融交会"）在南京成功举办。融交会以文化为根本、以科技为手段，进一步探索培育新型文化业态和文化消费模式，以高质量的文化供给，不断增强人民群众的文化获得感和幸福感。

4 未来发展方向

南京作为省会级城市，在对全省文化事业和文化产业的引领带动作用方面，还存在以下较为突出的问题：文化企业总体实力不足；大型国有文化企业转型困难；文化集聚区内涵式发展品质有待提升；新兴文化业态有待进一步壮大；文化产业政策引导机制有待进一步加强等。针对这些比较突出的问题，可考虑采取以下对策：一是大力提升城市文化品牌号召力，二是加快建设高水平文化产业集聚区，三是深化文化科技融合水平，四是着重培育文化企业创新能力。

（资料提供单位：南京市委宣传部文化改革领导小组办公室）

无锡市文化改革发展报告

无锡市在全面推进中努力实现重点突破，在夯实基础上着力追求高位均衡，全市文化事业、文化产业发展态势良好，文化建设呈现勃勃生机和充沛活力。

1 体制机制创新

第一，深化文化部门"管办分离"改革。无锡市整合了演艺集团和影视公司等经营性资源，组建了成立无锡文化发展集团有限公司，力争将其打造成区域性演艺影视龙头企业。

第二，推进国有文化企业改革。一方面着重推进广电集团、报业集团股份制改造，打造上市板块（目前已有报业延嘉、外贸印刷、广通传媒等3家国有文化企业在"新三板"挂牌）。另一方面支持两大集团加强媒体融合发展，成立新媒体中心，形成以融媒体新闻指挥中心为核心的全媒体传播格局，建立起资源有效整合、运行高效顺畅的"中央信息厨房"。

第三，加强国有文化企业考核，强化引导。2017—2018年先后修订出台《无锡市市属国有文化资产监督管理办法》和《无锡市市属国有文化集团（企业）负责人年度绩效考核办法》，加大对社会效益考核力度，引导国有文化企业把社会效益放在首位，实现社会效益和经济效益相统一。此外还实施了国有文化企业公务用车改革,提升了管理效益。

第四,深化文化市场综合执法改革。2017年出台《无锡市关于进一步深化文化市场综合执法改革实施方案》,完成了市文化市场综合执法改革,组建市文化市场综合执法支队,办案总量同比增长250%,其中无锡市报送的一则案例被国家文物局评为"2017年度文物行政执法指导性案例"。

第五,推进市文联(含作协)、记协改革。建立完善文联运行机制、优化调整机构设置、拓展强化工作职能、加强和改进党对文艺工作的领导。出台了《市文联2018文艺进万家系列活动方案》《市文联机关及下属单位作风效能建设考核的实施办法》等办法,修订完善了《市文联文艺项目扶持资金使用管理办法》《市文联文艺评奖管理办法》《市文联网站管理制度》《市文联文艺类社会组织管理办法》等一系列内部管理制度和工作规范。市记协改革工作正有条不紊地进行,目前改革方案已报上级审批。

2 | 文化事业成果

第一,聚焦文化民生,公共文化普惠群众。一是公共文化设施网络不断完善。无锡美术馆新馆建设完成立项审批,新增3家图书馆分馆和1家市文化馆分馆,推进市评弹团复建,启动市级乐团筹建工作。部署380余个村(社区)基层综合性文化服务中心建设,预计年末建成率80%以上。"文化无锡"云平台一期正式上线试运行。二是文化惠民举措不断。77个项目总金额830万元的政府购买,有效激发社会力量参与。小额资助扶持500支群文团队,艺术节成功打造市民文化盛宴,"群芳奖"评比涌现多部优秀文艺作品,7个项目入围省"五星工程奖"。2017年度无锡市居民综合阅读率94.79%,高出全国平均水平14.49个百分点,无锡公共文化服务得分在全省位列第一。

第二,紧扣时代脉搏,精品唱响无锡声音。一是推进文艺精品创作交流。市文联开展"深入生活,扎根人民"主题文艺创作,组织作协赴安徽泾县、曲协赴山西大同、美协赴浙江松阳、青年剧协赴浙江采风创作,组织音协、舞协文艺家赴青海省海东市采风交流展演。《剑王朝》和《何以笙箫默》入选"中国网络文学二十年江苏20部优秀代表作品"。市文化发展集团积极筹创民族舞剧《冰山之魂》、民族歌剧《柳堡的故事》。打磨提高"一带一路"主题舞剧《南国红豆》等舞台精品。舞剧《绣娘》在英国商演大获成功,舞剧《英雄玛纳斯》亮相第五届丝绸之路国际艺术节闭幕式演出,歌剧《二泉》入选"中国优秀歌剧巡演"参演剧目。二是优化完善文艺评奖机制。组织实施文艺类项评选,继续开展太湖文学奖、无锡书法奖、锡剧太湖梅花奖、无锡美术奖、无锡摄影奖、曲艺吟春花奖的评选。三是斩获多个奖项。6个项目入围2018年度国家艺术基金扶持计划,舞剧《英雄·玛纳斯》获文化部颁发第五届丝绸之路国际艺术节"丝路文化贡献奖",歌剧《二泉》摘得"2018紫金文化艺术节优秀剧目奖"。

第三,弘扬传统文化,遗产保护全面加强。一是加大文物保护力度。搭建市文物安全执法平台,提高对文物的实时管理能力。全面划定文物保护单位保护范围和建设控制地带两条"红线"。贯彻落实文物保护工作三年行动计划,启动和完成了近30个文物保护单位的修缮工作。深化世界遗产"大运河"保护工作,全面筹备2019年度世界运河大会。持续推进惠山古镇申遗。二是抓好非遗活态传承。组织"文化和自然遗产日"系列活动,开展五大板块40余项非遗展演活动。"非遗公益培训班"走进多所学校扩大影响力。完成3个非遗项目和部分国家级非遗传承人数字化保护采录工作。开展《市非物质文化遗产保护条例》立法前期调研工作。

3 | 文化产业成果

第一，强化政策扶持促发展。充分发挥文化产业专项资金的引导带动作用，奖励、扶持、补贴龙头企业、产业园区以及自主创新、文化消费、文化"走出去"等项目。2017年，全市文化产业实现增加值394.27亿元，占GDP的比重为4.28%。全市共有各类文化园区载体16个，其中国家级授牌8个，省级授牌8个。今年以来，53个文化项目获得市级第一批扶持资金3700余万元，小微贷累计投放金额已超1.5亿元，惠及32家企业。新建的无锡万达文旅城内含42项科技含量高的子项目，与上海迪士尼错位竞争。影视文化发展独树一帜，无锡国家数字电影产业园1—9月实现营收32亿元。

第二，借力金融机构谋发展。一是创新金融机构扶持模式。鼓励支持专业文化金融机构——无锡农村商业银行太湖文化支行拓展业务，专门推出影视传媒贷、创意设计贷、文化旅游贷、广告出版贷和动漫网游贷五大金融产品，为更多文化创意企业贷款开设"绿色通道"。与多家银行合作，推动我市8家银行纳入信保基金，大大拓展了中小文化企业的受惠面。二是积极推进文化产业基金发展。借助无锡国家数字电影产业园特色发展优势，引进青商基金、盈峰资本、金晟基金、杰翱基金等一批影视基金以及星皓东方文投、华莱坞文投、恒天文化、华一文投、微影数字文投、合一文化等基金公司入驻园区，为影视企业的发展提供有力的资金支撑和金融服务。三是努力争创文化金融特色品牌。组织高新区创成省级首批文化金融合作试验区，无锡国家数字电影产业园成立的无锡市影视文化金融服务中心创成首批省级文化金融服务中心，无锡农商行创成首批省级特色文化金融机构，创成数量居全省第二。

第三，推动"文化+"产业快速发展。一是"文化+旅游"模式。该模式通过注入文化元素提升文化旅游品位，例如，无锡灵山文化旅游创意产业园入选省级文化产业示范园区，灵山拈花湾成为马山国际旅游岛新地标。二是"文化+农业"模式。该模式推动生态农业、休闲农业发展，例如，阳山桃文化节、鹅湖玫瑰园等农业和文化结合项目，提高了农业综合效益，拉长了产业链条。三是特色文化小镇模式。例如，江阴新桥镇、宜兴丁蜀镇、惠山阳山镇、锡山东港镇入选中国第一、二批特色小镇，梅里文化小镇、鸿山物联网小镇等一批特色小镇注重挖掘丰富文化内涵，注入各类文化资源，不断完善产业链，成为颇具活力的文化产业新载体。四是大运河文化带模式。该模式推动古运河文化旅游度假区、环城步道等37个建设项目，例如，投资总额为300亿元的"华侨城"古运河国际旅游度假区已落地推进；清名桥历史文化街区、惠山古镇入选大运河国家文化公园江苏示范段项目，形成无锡市二园三带十五点的国家文化公园展示点。

第四，立足全球视野，打响文化贸易国际品牌。一是注重特色引领，谋求文化贸易多元发展格局。本着"自主创新、重点突破、集聚发展、市场主导、政府推动"的原则，将发展文化创意产业作为抓手，鼓励引导企业扩大文化出口。目前已初步形成以影视文化制作交易、网络文化传播、创意设计、特色民族文化产品、文化旅游等领域为代表的特色鲜明、发展多元、融合创新的文化贸易发展格局。2018年6月，无锡市凭借集聚度高、特色鲜明的文化产业，尤其是影视文化产业及贸易的显著优势，成功入选首批13个国家文化出口基地，成为江苏省唯一一个入选基地，也是名单中少数以全市均衡实力入选的基地；

第五，聚焦载体建设，打造集群发展航母。一方面，加强重量级园区（基地）培育建设，形成一批特色化、专业化、国际化的文化贸易载体。比如重点打造无锡国家数字电影产业园、无锡（国家）工业设计园、无锡国家广告产业园等一批创新型专业特色园区，充分发挥其产业凝聚力和示范带动作用。另一方面，加强公共服务平台建设，不断提升文化贸易效率。比如大力筹建数字影视制作及相关服务、外观设计专利信息中心、动漫作品版权服务、超级云计算中心、新媒体技术等多个公共服务平台，为文化贸易企业提供有力的技术支撑和服务保障；

第六，加大金融支持，助推企业做大做强。一是加大金融政策扶持力度。探索制订对重点文化贸易项目和企业的投资补助、财政贴息、出口信保保单融资等有效举措，并用足用好在税费、资产、土地、工商等方面的优惠政策。二是创新金融机构贷款模式。三是引导社会化资本投入，发挥各类文化产业基金助推合力。实施政府风险投资委托管理机制，成功构建集政府基金、社会资本、民营资本于一体的多元化产业发展投融资平台。

4 未来发展方向

一是加大政策引导，优化发展环境。要继续加大财政投入力度，缓解企业融资难问题，鼓励企业自主创新，扩大文化产业发展资金，对在自主研发方面取得重大突破的企业，按照所设置的不同奖励标准给予资助，营造"全企创新"的良好氛围。

二是走好升级之路，科技保驾护航。要完善文化与科技融合的体制与机制，加快文化产业园区建设，完善文化与科技融合的载体和平台，加强复合型人才队伍建设，特别是兼具文化和科技专业知识的复合型人才队伍建设。

三是培育龙头企业，壮大产业规模。一方面要对现有的龙头企业继续做好扶持工作，在金融政策、财政政策、税收政策上继续给予优惠和倾斜，为企业创造交流平台。另一方面要继续以培育全国一流文化企业为目标，打造一批具有产业辐射力和区域影响力的现代大型文化企业集团。

四是传统新兴并进，打造文化品牌。既要注重对本土传统文化技艺的传承和宣传，也要探索新兴文化业态发展方向。为此应把握好两点：一是弘扬精益求精的工匠精神，做好非物质文化遗产的保护与传承。二是充分利用示范基地优势，推动文化产业升级转型，大力发展网络文化、文化旅游、影视制作、动漫游戏等新兴文化业态。

（资料提供单位：无锡市委宣传部文化改革领导小组办公室）

徐州市文化改革发展报告

徐州地处苏鲁豫皖四省接壤地区，是淮海经济区的中心城市，拥有承东接西、沟通南北、双向开放、梯度推进的战略区位优势，是江苏省重点规划建设的四个特大城市和三大都市圈核心城市之一。2018年，徐州在文化改革发展层面，全面贯彻落实国家和省、市关于文化工作系列决策部署，牢牢把握淮海经济区中心城市建设目标定位，聚焦文化惠民，聚智文化创新，聚力文化发展，全力推进现代公共文化服务体系、优秀传统文化传承创新体系、现代文化产业和文化市场体系、文化对外交流传播体系、文化服务保障体系建设，取得了比较突出的成绩。

1 文化体制机制改革创新情况

第一，转变思路，创新政府服务方式。重点做好"四个一"活动，即搭建一个多层次文化金融对接交流平台、举办一个文化产业政策讲解分析会、举办一场工匠创意设计大赛、开展一次"亲商助企活动月"活动。文化产业政策讲解分析会受益文化企业100余家；工匠创意设计大赛吸引200余人参赛，收到作品500余件；在"亲商助企活动月"活动中，全局深入企业开展走访60余次，发放调查问卷100余份，解决问题20余项；与江苏银行共同举办的银企对接会切实帮助企业解决融资难问题。徐州市在2018年继续深化审批改革,全年依法受理、按时办结行政许可事项367件,对69项许可事项全部实现"不见面"审批,对省局委托审批的20项权力事项实现了网上办理;审批时限进一步压缩,平均办理时间分别比法定时间减少40%和60%以上;取消"出版物出租经营备案"审批,对暂时不能取消的8个行政许可事项实施告知承诺制,对不适合采取告知承诺的9个许可事项简化办事流程;对涉及国家安全、公共安全等特定领域的3个行政许可事项,强化市场准入管理,加强风险防范;开放信息资源,打通数据壁垒,全面开放文广新系统信息资源。

第二,文化体制改革继续推进,文化服务品牌创建初见成效。2018年,徐州继续推进文化体制改革,明确了徐州演艺集团和徐州文产集团的党组织和行政隶属关系;按照市政府解决徐州文产集团改制遗留和发展问题的要求,牵头对中山堂改扩建工程进行审计评估,完成原市直6家经营性文化事业单位所属企业121名合同制职工的终止劳动合同和经济补偿事项,办理6家改制企业及其下属小集体企业的注销手续,解决了2009年至今难以解决的"老大难"问题,为文化企业发展增添了后劲。与此同时,积极组织开展"五星级行政审批服务窗口"品牌创建活动,建立和完善行政审批窗口工作规范及相关规章制度、制定下发《品牌创建工作督查机制》;在徐州电视台、《徐州日报》、"微文徐州"微信公众号等媒体宣传品牌创建,在局门户网站开设"服务品牌创建"专栏,提高品牌创建的知晓度;以品牌创建推进审改工作,将与企业、群众生产生活密切的35个行政许可事项列入行政审批全程代办服务代办范围,自创建活动开展以来,办理代办业务6项,受到企业和群众的一致好评。

第三,严格执法监管,推进文化法治建设。印发《徐州市文广新局法律顾问工作制度》《徐州市文化广电新闻出版局重大行政决策程序暂行办法》《徐州市文化广电新闻出版局规范性文件制定程序暂行办法》，具体明确重大行政决策分类事项等10项制度规定，徐州市文化广电新闻出版局被列入全省新闻出版广电（版权）第五批依法行政示范点。全年共出动检查人员1.24万人次，检查文化经营单位4929家次，收缴非法出版物11.71万件，立案105件，结案75件，积极营造规范有序的文化市场环境。推进苏鲁豫皖交界地区"扫黄打非·淮海工程"建设，与苏鲁豫皖交界各市进一步建立完善联合查控、案件协查、交叉检查、信息共享、人才互培机制，有效提升了"扫黄打非"工作水平。积极构建守信激励、失信惩戒的文化市场监管机制，建立企业"诚信典型红名单"和"严重失信黑名单"制度，认真落实行政执法全过程记录、重大行政执法决定法制审核、行政执法公示"三项制度"规定和"双随机一公开""两法衔接"工作责任制，按规定开展"双随机"抽查4次，计抽查市场单位148家次，确保了以制度规范工作、制约行为，提升了依法办事水平。

2 | 现代公共文化服务体系建设改革创新成果

第一，完善公共文化设施，提升公共文化服务效能。2018年，徐州市完成64个乡镇（街道）综合文化站达标建设任务和867个行政村（社区）综合文化服务中心的规范化建设任务；在第六次全国县级以上公共图书馆评估定级中，6个被评定为国家一级馆，1个被评定为国家二级馆；全市共完成各类艺术展览、大讲堂等系列文化活动160余场（次）；送戏1022场，送电影3.74万场，送图书13.96万册；免费向社区居民、农民工等发放"政府文化惠民券"4.68万张，完成戏曲进校园1100场。徐州博物馆接待观众70万余人次；徐州市图书馆新订购图书1.1万种14.2万册，开展公益阅读服务活动240余场，接待读者28万余人次；徐州文化馆免费公益性培训学员5万人次；徐州汉画像石接待观众5

万余人次;"动感彭城"暨"舞动汉风——城乡文化对对碰"文艺演出、第十四届徐州读书节、徐州市全民阅读春风行动等丰富多彩的群众文化活动深受百姓欢迎。推进博物馆提档升级,徐州博物馆对照国家一级博物馆评估定级标准开展精准创建,陈列大厅改造工程列为市重点工程并举办《徐州博物馆馆藏陶俑特展》《勿忘国耻——徐州沦陷80周年文献特展》。

第二,坚持服务基层,乡村文化建设再提速。市委、市政府印发《关于推广"马庄经验"推动乡村文化振兴的实施意见》,绘制今后3年全市乡村文化振兴新蓝图,明确公共文化建设的新思路、新任务、新举措。召开推广"马庄经验"推进基层公共文化建设现场会,推广马庄先进做法,总结交流经验,加快推进公共文化建设,着力推动乡村文化振兴迈上新台阶;自然村文体活动广场和居民小区文体活动中心建设有序推进,基本形成市、县、镇、村、自然村(居民小区)五级公共文化设施网络全覆盖;农村阅读事业发展持续向好,年度申报落地农家书屋通借通还建设任务559家,完成通借通还书屋1284家;建立农民读书组织715个,年开展农民读书活动4705场次;重点组织完成第八届徐州农民读书节、"手拉手·春风行动"、"科技惠民进书屋"等基层阅读惠民活动,累计向农村留守儿童捐赠价值15余万元的图书和1.3万助学金。农村电影公共服务体系完善,全市147个农村放映队在2028个行政村完成公益放映电影3.54万场次。

第三,注重平台搭建,文艺创作硕果累累。2018年,徐州市文化艺术创作亮点频现,舞台创作成果斐然:柳琴戏《矿湖情缘》入选文化部"2018全国舞台艺术现实题材创作作品计划"和"2018年江苏省舞台精品创作扶持剧目",梆子戏《人民母亲》入选文化和旅游部2018年度大戏剧本孵化计划,《拆婚联盟》等3个戏曲剧本获江苏省剧本奖,《淮海儿女》等9件作品入选江苏艺术基金项目,民族音乐《汉乐华章》被列入 2018 年度市委、市政府为民办实事演出推广项目并作为江苏省 2018 年新年音乐会演出剧目在南京演出。徐州市 4 件作品获江苏省第十三届"五星工程奖",其中沛县少儿唢呐、睢宁县少儿落子舞以及唢呐《丰收喜乐》参加省文化和旅游厅在江苏大剧院举办的颁奖仪式暨优秀作品展演。书画艺术领域也是精品迭出：袁志山"大美徐州"画展亮相省美术馆,徐州书画院两幅油画作品入选"第三届中国青年油画作品展",多件作品入选省级展览,《青山绿水间》等 4 件作品入选省文化厅"纪念改革开放 40 周年美术作品主题书画创作展",尉天池书法馆建成开馆,推动"书画徐州"建设迈向新高度；成功举办纪念改革开放四十周年暨徐州油画五十人提名展、第十二届"书画徐州"年展、第六届徐州市小戏小品曲艺大赛,组织开展"纪念马可诞辰 100 周年"系列活动,举办汉文化旅游节《汉风乐舞》园区巡游活动、世界城市日中国主场文艺演出；组织民族音乐会《汉乐华章》、舞剧《小萝卜头》赴国内各地巡演,《汉乐华章》等节目多次出访新加坡、摩洛哥等国。

第四,文物保护与非遗传承有序开展。申报卧牛山考古报告、丰县卜子祠维修等文物保护项目 6 个,申报第八批国保单位 8 个、省保单位 12 个；推进狮子山楚王陵创建工作,指导汉文化景区完成《狮子山楚王陵保护规划》的报批工作,积极对接国家、省文物局,启动狮子山楚王陵国家考古遗址公园创建工作；组织开展国家级非遗代表性传承人魏云彩、王桂英的抢救性记录工程以及"非遗进校园、进社区"等活动；举办"走进徐州非遗传承"徐州市非遗展演活动以及"相约彭城多彩非遗"苏北五市非物质文化遗产展演活动；邳州跑竹马项目传承人屈绍金、徐州唢呐项目传承人李树鹏分别被命名为国家级非遗代表性传承人,我市国家级非遗代表性传承人总数由 6 人增至 8 人。

3 | 文化产业发展改革情况

第一，文化项目稳步推进，文化产业投资不断增加。全年共组织实施了55个文化产业项目，计划总投资545.71亿元，年度投资126.4亿元，推荐省级现代服务业发展专项资金项目申报项目30个，申请扶持资金4910万元，17个项目获省新闻出版广电局和省文化厅实地考察。积极推进大运河文化带建设，初步研究提出运河文化遗产"两线"划定方案，编排了涵盖文物本体修缮、环境整治、陈列展览、文化产业等20项大运河徐州段文化遗产建设项目。

第二，加强特色文化推介，文化招商引资力度不断加大。2018年举办徐州（深圳）文化产业招商推介会，"太平洋文化广场"等10个项目现场签约，签约金额达228.7亿元；举办2018中国·徐州长三角（上海）文化产业招商推介会，一批凸显徐州地域文化特色的文化项目现场签约，签约金额达34.8亿元；举办徐台文化创意产业恳谈会，学习考察台湾松山文创园、鹿港特色民宿等园区，加强与台湾相关公司、园区的合作与交流；对县（市、区）文化项目建设加强指导，帮助夹河矿影视产业园项目落地泉山区；荣获第七届中国苏州文化创意设计产业交易博览会优秀组织奖。

第三，激活内生动力，居民文化消费不断提升。举办2018"观大片·走大运"系列惠民观影活动、第三届徐州市文化惠民消费季活动，活动期间共举办各类免费纳凉晚会、百姓舞台、讲座、公益培训、非遗展、书画展等4000场次，送电影6600场次，送戏468场，1566家文商旅企业产品打折惠民，通过徐州文化消费公众号发放红包30万元，撬动消费600余万元，为期3个月的消费季活动共吸引近千万人次参与，总消费金额30.487亿元，惠民4.32亿元；成功举办首届淮海书展。书展汇聚国内500余家出版发行单位、10万余种精品图书，观展人数15.53万人次，销售图书5.38万册，售书金额201万元，销售文创及非遗产品86万元。书展期间，全市共举办各类阅读推广活动268场，实现了社会效益和经济效益的双赢。

4 | 未来发展目标

2019—2020年，徐州将继续以贯彻落实习总书记视察徐州重要指示为主线，以推动高质量发展为主旋律，以建设淮海经济区中心城市为主抓手，在发展实体经济、抓好创新驱动、推动乡村振兴、建设生态文明的同时，积极发展文化事业与文化产业，以社会主义核心价值观为引领，以不断增强文化引领功能、文化服务功能和文化集聚辐射功能为抓手，引导推动全市文化资源优势加快向项目优势、经济优势转化，科学制定全市文化产业项目建设计划。加快建设具有竞争优势文化产业园区，探索培育主体、集聚要素、辐射引领的发展路径，生成和发展一批富有文化创新活力的集聚区、示范区、先导区。

（资料提供单位：徐州市委宣传部文化改革领导小组办公室）

常州市文化改革发展报告

常州市大力推进文艺精品创作生产，全力完善现代公共文化服务体系，努力提升文化遗产保护水平，不断壮大文化产业规模，全面规范文化行业管理，积极引导文化市场健康有序繁荣发展，全市文化体制发展改革工作取得了显著成效。

1 体制机制创新

「1」深化"放管服"改革

常州市全面落实"放管服"要求，全系统 29 项行政许可事项全部集中到政务服务窗口办理。全年共办理行政服务事项同比增长 20%。政务服务体系初步建立，实现政务服务事项 100% 在线申办。围绕"进一扇门，办所有事"，积极推进"我的常州"手机 APP 接入工作，实现数据资源共享，前台服务联动，后台业务协调。

「2」全面深化院团改革

遵循"一团一策"改革思路，制发《2018 年度市属文艺院团考核暨专项目标任务书》，制定了"巡演一批、创排一批、储备一批"的考核要求，细化了内部管理的专项考核指标，考核成绩直接与院团绩效挂钩。在完善院团运行机制的同时，市锡剧院、滑稽剧团创新思路,成功打造两台剧目,真正意义上实现了"出人、出戏、出效益"的目标。常州市华罗庚艺术团增挂常州市儿童艺术剧院牌子,下一步拟增挂江苏省儿童艺术剧院牌子。随着院团长远发展保障体系和管理体系的不断完善,为跻身全省一流文艺院团行列打下了更加牢固的基础。

[3] 设立文化艺术基金

继南京之后,常州市在全省率先设立市级文化艺术基金。基金改变了以往文艺生产"专项资金"的单一形式,覆盖范围从"体制内"变成"全社会"。同步出台《常州市文化艺术基金章程》《常州市文化艺术基金使用和管理办法》等文件,使决策机制更科学,评审环节更透明,运行管理更规范,有力助推了艺术创作生产。

2 | 文化事业成果

[1] 大力实施精品战略

锡剧《卿卿如晤》入选国家艺术基金,入选省精品工程重点投入剧目,先后参加"全省戏曲名作高校巡演""全省优秀地方戏大运河沿岸巡演",并参赛上海白玉兰奖。大型滑稽戏《陈奂生的吃饭问题》作为江苏唯一大戏参加首届"中国戏曲百戏盛典",40余万人在线观看,13.5万人网上点赞,被推荐申报国家舞台艺术精品工程。《卿卿如晤》《陈奂生的吃饭问题》《青铜葵花》入选"2018紫金文化艺术节"展演,入选剧目和获奖剧目总数均位列全省第一。目前锡剧、滑稽戏、舞剧、话剧、评弹等一批新剧目正在创作规划和启动中,艺术生产呈现繁荣景象,被誉为艺术生产的"常州现象"。

[2] 不断完善公共文化服务体系

一是加快文化民生工程项目建设。按照《常州市基层综合性文化服务中心建设三年行动计划(2017—

2019）》，本年度应完成243个基层综合性文化服务中心的建设任务。文化广场建设项目有序推进，2018年内完成图书馆新馆的建设、美术馆的土建、专项设计等工作，编制完成非遗馆、名人馆陈展大纲；探索文化馆总分馆服务体系建设，溧阳、武进已试点建成12家镇（街道）文化馆分馆；深化图书馆总分馆建设，持续推进"一卡通"工程，实现500个村和社区图书室通借通还；开启"城市书房"建设新模式，首家城市书房——"秋白书苑"于12月在北港街道试运行。公共文化服务数字化平台（"常州文化云"）建设加快推进，将于2019年投运。

二是丰富群众性文化活动。整合基层公共文化服务资源，全年累计提供公益培训近百期，受益群众达5万人次，实现艺术普及公益培训提质扩面；编创"常州风"第三季原创广场舞，举办"迈进新时代、幸福舞起来"原创广场舞大赛，入选省公共文化服务体系建设创建示范项目；打造群众文艺精品，《快递小哥》《纸花谣》《抢跑》3项群文节目获第十三届省"五星工程奖"。

三是文化惠民品质再提升。2018年"文化100"期间集中推出"金·玉·玲珑——大明王室的宝藏"展览、"国有文艺院团精品惠民演出季"、国际民间艺术周等305项高品质文化惠民活动。"文化100"被《人民日报》誉为文化民生的"常州现象"，被新华社赞誉"丰富市民精神粮仓"，还被评为"江苏省优秀文化活动品牌"。以"书香常州·幸福阅读"为主题，重点打造"秋白读书节"等品牌活动；举办第三届龙城淘书节，打造展、销、阅一体的新平台，今年再建成1家全国示范农家书屋，青果书房2.0获评"省最美书店"称号，半山书局、溧阳读书台等5个阅读阵地获省"阅读新空间"认证；顺利通过省"书香城市"建设示范市的实地测评，有望成为江苏省"书香城市"示范市；扎实推进农村文化"三送"工程，全年送戏超过1000场，送电影超过10000场，送书50000多册。

「3」坚持传承发扬优秀传统文化

一是遗产保护有序推进。新公布 14 处不可移动文物为第七批市级文保单位，公布常州市第一批至第三批市级文保单位保护范围和建设控制地带；张太雷纪念馆新馆建成并对外开放，完成赵元任故居、大成三厂、菱蒲巷 78 号等一批修缮工程，实施近园整体维修工程。积极对接国家文物局，加快推进孟河、焦溪江南水乡古镇联合申遗工作；实施大运河遗产保护，联合规划部门出台《常州市大运河水系建设管控办法（暂行）》，加强运河沿线涉建工程审批监管；积极开展运河遗产监测，完成大运河遗产监测预警管理平台系统提升；成功举办"2018 年文化和自然遗产日"系列活动。

二是文物考古成果丰硕。寺墩、青城墩等遗址考古取得较大进展，寺墩发现 6 处重要遗址；对沪宁高速芳茂山服务区发现的南宋墓葬进行抢救性发掘，填补本市宋代考古发现的空白；溧阳子午墩、金坛薛埠土墩墓、武进胥城遗址考古取得重要收获；成功举办江南土墩墓国际学术研讨会，成立中国社科院王巍院士考古工作站。

三是阵地建设不断提升。组建常州三杰纪念馆，成功举办张太雷诞辰 120 周年纪念系列活动，全力筹备瞿秋白诞辰 120 周年纪念活动。溧阳市博物馆、管干贞纪念馆正式对外开放，积极推进青果巷历史文化街区的修缮布局，周有光图书馆完成陈展工作，唐荆川纪念馆布展工作有序推进。常州博物馆入选"2018 年全国中小学生研学实践教育基地"，承办全省非国有博物馆藏品备案工作专题会议暨技术培训班。全年全市各类文博场馆共接待观众 379 万人次。

四是非遗瑰宝走进生活。规范非遗传承人评估管理，制定出台了《常州市非物质文化遗产代表性项目代表性传承人评估办法》。推动非遗进校园、进社区、进公园、进乡村，让更多百姓体验非遗。乱针绣、梳篦、留青竹刻等非遗项目精彩亮相香港。持续打造"非遗＋互联网"传播模式，"常州吟诵——秦德祥"抢救性记录项目获江苏唯一全国优秀奖，《人民日报》专题报道并向全国推广常州非遗保护工作经验。

3 文化产业成果

「1」文化产业发展速度加快

2017年文化产业增加值达到383.83亿元，占GDP比重达5.8%，位列全省第三。全市拥有国家文化产业示范基地1家、省级文化产业示范园区（基地）6家，居全省前列；加大中央、省、市三级文化产业资金扶持力度，入围省级专项扶持资金项目19个，全年产业引导扶持资金超5000万元；加快政府职能转变，更好发挥政策调节、市场监管、社会管理、公共服务职能，形成推动常州文化产业发展政策体系，形成了《常州市重点文化产业示范园区认定管理办法》《关于促进文化科技融合发展的政策措施》《关于支持我市文化创意产业高质量发展的若干意见》等相关政策文件；以"数字引领未来"为主题，成功举办第十五届中国常州国际动漫艺术周；组织参展江苏省"文化+"融合创新成果展，获"优秀组织奖"；推进文化文物创意产品开发省级试点工作，全年创意产品营业额同比增长20%。

「2」重点推进大运河文化带建设

一方面加强领导，健全组织机构。2017年12月，建立了常州市大运河文化带建设工作联席会议，并按照省统一架构，形成"一会一办三组"的工作格局。2018年6月底，将联席会议升格成立为市大运河文化带建设工作领导小组，市委书记汪泉任组长，市长丁纯任第一副组长，办公室设在市委宣传部，由宣传部长任办公室主任。7月召开领导小组办公室第一次会议，下发领导小组及办公室工作规则、近期工作方案和工作要点。10月召开领导小组办公室第二次会议，审议大运河常州段总体规划。

另一方面系统谋划,加强规划引领。根据国家、省统一部署并结合本市实际,按照"一次规划、整体设计、分布实施、系统集成"的原则,建立《实施规划》为导向、《空间规划》为统领、《专项规划》为依据的规划体系。邀请南京大学教授、博士生导师、联合国教科文组织专家组成员贺云翱教授领衔的专家团队和常州的本土学者组成联合课题组编写我市总体实施规划。由市规划局领衔,市规划设计院编写大运河文化带建设精品段规划。

「3」规范文化行业管理

一是强化新闻出版和版权管理。截至2018年11月底,完成著作权作品登记4870件,同比增长74.6%。全市出版物发行单位871家,实现年营业收入3.2亿元。2018年,市文广新局举办全市印刷企业法人法律法规培训班,积极组织印刷企业参加第六届江苏省印刷行业职业技能大赛,常州8名选手代表江苏参加全国印刷行业职业技能大赛。全市印刷企业1106家,实现年销售总额76.8亿元。

二是强化广电安播和节目创优。实现全年安全播出目标,市台实现全高清播出,开展广播电视广告播出情况专项检查,加大公益性广告宣传力度。完成全市应急广播系统建设技术方案;溧阳市应急广播项目全面启动。电影市场继续向好,截至11月底,全市电影票房3.86亿元,位居全省第一方阵。获江苏省广播电视优秀节目奖58件,其中一等奖12件,位列全省第三。《澳门,在历史节点上的新起航》获第31届全国对台港澳广播节目创优奖一等奖。

4 | 未来发展方向

常州市文化工作还存在一些短板,制约着全市文化的改革发展:一是公共文化设施建设相对滞后,一些基层的公共文化设施功能不健全、管理不规范、服务效能不高;二是精品创作生产存在短板,缺少一批能在全国立得起、叫得响的精品力作;三是文化遗产保护传承工作有待提高,文物保护的基础还不够扎实;四是高端文化人才紧缺、断层、断档,梯队结构不够合理等问题依然存在。这些问题,都亟待在今后的工作实践中逐步解决。

今后将针对这些短板,进一步提高公共文化设施建设的系统化和标准化建设,深入实施文化精品和文化惠民工程,开展社会主义文艺创作,加强文化遗产保护利用与传承,健全现代文化产业体系,做好文化市场、广播电视等行业监管,大力培养和引进各类文化人才,通过扎实有序开展各项工作来切实肩负起"兴文化"的使命任务。

(资料提供单位:常州市委宣传部文化改革领导小组办公室)

苏州市文化改革发展报告

2018年苏州市全面落实中央、省、市部署要求，对照全年工作目标和任务，在巩固已往文化改革成果基础上，推动文化体制改革向纵深拓展，明确改革的目标思路和任务举措，细化了改革的路线图、时间表、任务书。通过改革，进一步激发了文化创新创造活力，进一步促进了文化事业和文化产业的蓬勃发展。

1 体制机制创新

一是扎实推动文化改革发展。苏州市研究确定了文化体制和机制改革的年度工作任务及目标，扎实推进文化体制和机制创新的各项工作。包括：深化国有文化单位改革，稳妥推进经营性事业单位转企改制工作，全面推进市属国有文化企业公司制改革工作，完成年度各市（县）、区文化改革与发展监测统计发布工作；完成市文联（作协）深化改革方案，积极推进文化市场执法改革，完成县区级文化市场综合执法改革实效督查；推动国有文化院团改革加快发展，研究制定落实促进文艺院团发展提升"311计划"；实施加快文化产业发展，规范政策实施，严格按照国家新修订的文化及相关产业分类标准，研究调整苏州市文化产业人才评审标准及相关政策。

二是完善国有文化资产监管体制。出台《苏州市市级国有文化企业重大事项管理实施办法》《苏州市市级国有文化企业负责人薪酬管理暂行办法》，完成市属媒体年度绩效考核工作，推进国有文化企业重大资产处置工作；不断健全文化企业两个效益相统一的保底政策，组织开展市属媒体 2017 年度绩效考评工作；针对市属国有文化企业情况，分析国有文化企业现状及问题，完善体制机制、加强制度建设，重点围绕企业"三重一大"事项进行有力监管。

三是积极推进文化资源整合机制。加大文化科技融合力度，积极推进国家级文化科技融合示范基地申报工作；加快推进文化金融合作，积极推进文化金融服务平台建设，传达落实省文化金融示范区、文化金融特色机构创建等文件精神，确定苏州市申报主体，完成苏州市 2017 年度银行业金融机构年度绩效评价工作；推进全市大运河文化带建设相关工作，成立大运河文化带建设联席会议并召开第一次联席会议，出台市大运河联席会议工作规则和联席会议办公室工作规则，根据省两办文件，成立了市大运河文化带建设工作领导小组；组织首届"亲近母亲河，新年走大运"健步走活动，推进大运河文化带国家公园江苏示范段建设，举办大运河国家文化公园（江苏段）国际工作坊活动。

2 | 文化事业成果

第一，持续提高公共文化服务水平。苏州市全面建设城乡"10 分钟文化圈"，编制《苏州市文化设施布局规划（2017—2035）》，推动公共文化设施布局从"全设置"走向"全覆盖"，全市现有村（社区）综合性文化服务中心实现全覆盖；大力推进基层综合性文化服务中心标准化建设，截至 2018 年底，全市人均公共文化设施面积达到 0.4 平方米，在全国处于领先地位；成功举办三年一届的中国昆剧艺术节、中国苏州评弹艺术节，深入开展"苏州市少儿艺术节""苏州阅读节""苏州市群众文化'繁星奖'活动"等系列品牌活动，推进公共文化高质量发展；在省内率先出台《苏州市优秀群众文艺作品创作扶持办法（试行）》，通过政府购买、财政补贴的形式扶持原创群文作品；设立群众文化市级政府奖——"繁星奖"，与全国、省群众文艺政府最高奖"群星奖""五星工程奖"相接轨；启动"文化苏州云"项目，创新建设苏州文化数字化惠民服务平台，实现全市文化设施、文化活动、文化消费的综合化、智慧化管理；实施群众文化"五个一百"工程，预计至2020年，在全市范围内建设培育百个标准化建设的优秀文化广场、百场群众喜闻乐见的优秀广场活动、百个各具特色的优秀文化活动品牌、百支各展其长的优秀群众文化团队和百名各显其能的优秀基层群众文化指导员。

第二，继续推进文艺创作生产。推进古宅园林戏项目工作，成立工作领导小组，协调推进电影《红楼梦》投资、拍摄工作，组织开展省"紫金奖"文化创意设计大赛苏州专项赛活动，围绕推动舞台艺术和美术出高原出高峰目标，精品创作取得了一系列新成果：苏剧现代戏《国鼎魂》、锡剧《丫丫考零分》入选全国基层文艺院团戏曲汇演（《国鼎魂》为闭幕演出）；苏州歌舞剧院的音乐剧《桃花笺》成功入选文化和旅游部第十三届全国声乐展演暨全国优秀音乐剧展演；现代滑稽戏《顾家姆妈》入选由文化和旅游部主办的全国优秀现实题材作品展演；苏州民族管弦乐团音乐会《华乐苏韵》入围第五届丝绸之路国际艺术节；苏州评弹学校王勤获第十届中国曲艺牡丹奖表演奖，中篇苏州弹词《焦裕禄》获文学奖；苏剧《国鼎魂》、音乐会《丝竹里的交响》入选2018年度省舞台艺术精品创作工程；苏剧《国鼎魂》获2018年度省重点投入工程并获2018"紫金文化艺术节"优秀剧目奖；锡剧《三三》入选2018"紫金文化艺术节"精品剧目；昆剧《风雪夜归人》《白罗衫》《顾炎武》、苏剧《国鼎魂》等9部优秀剧目和折子戏专场精彩亮相第七届中国昆剧艺术节；中篇弹词《军嫂》《梦之路》《顾炎武》等8台优秀书目和多个长篇选回、短篇亮相第七届中国苏州评弹艺术节,均获专家和观众好评;昆剧《风雪夜归人》、滑稽戏《同学会》、歌舞音诗画《苏园记忆》、锡剧《爱在美好新生活》、中篇弹词《军嫂》《梦之路》《顾炎武》等一批新创剧(书)目搬上舞台;"苏州美术馆建馆九十周年大展——颜文樑文献展"获2017年度全国美术馆优秀展览提名项目;张娟的中国画作品《复兴号·强国路》入选"国风盛典——首届全国中国画作品展"优秀奖;姚新峰、孙宽等21位书画家作品入选江苏省庆祝改革开放40周年主题美术创作,入选数占全省20%,列全省地级市之首;苏州画家在第四届傅抱石·中国画作品双年展中喜获佳绩,名列全省前茅。

第三,探索演艺团体的组建运行新模式。围绕满足人民群众对美好生活新期待,立足苏州品质、江南风格,以改革的思路、创新的办法,组建运行苏州交响乐团和苏州民族管弦乐团。乐坛运营采取创新模式:一是政府主导+市场运作。苏州市委市政府多次召开专题会议,研究体制机制、定位管理等问题,明确乐团分别由市与工业园区、高新区共同建立,为企业法人的公益性职业乐团,在理事会领导下开展工作。苏州民族管弦乐团还在内部实行党(党支部)政(行政部)艺(艺术总监)联席会议领导下的分工负责制。乐团通过面向海内外公开招聘优秀人才,薪酬水平实行市场化定价,通过实施定期考核,不断完善优胜劣汰机制。二是市区共建+专业主导。市、区两级财政根据乐团年度预算按1∶1比例分担,2018年,市级财政预算承担5000余万元。所在地区为乐团驻场演出提供专业场所,其中,工业园区对苏州文化艺术中心音乐厅进行了专项改造设计,高新区出资建设了苏州民族管弦乐团音乐厅。所在地区为乐团提供必要的资金、政策、涉外交流等方面的支持与保障。三是原创主导+引进吸收。在引进吸收国外优秀院团管理制度及文艺作品的基础上,各院团围绕重要时间节点和重大主题，建立了"委约创作"制度，推动创作一批体现苏州品质、江南特色、中国气派的优秀原创文艺作品。2018年，苏州交响乐团面向全球组织苏州金鸡湖作曲比赛。苏州民族管弦乐团委约了一批国内优秀作曲家为2018年音乐季创作新品。与交响乐团同场的苏州芭蕾舞团创排的民族芭蕾舞剧《西施》还受邀赴新加坡滨海艺术中心演出。四是区域主导+广泛辐射。根据各地区经济社会发展的不同情况，苏州在工业园区建立了苏州交响乐团，在高新区建立了苏州民族管弦乐团，充分发挥乐团的影响力，带动所在地区的文化艺术普及消费和素养提升。同时，根据职业化建设的标准，建立年度音乐季的演出计划，鼓励引导乐团积极参与国内外著名的音乐季和重要演出。2017年苏州交响乐团受德国萨尔州国际音乐节组委会邀请，赴法国、德国开展欧洲巡演。2018年苏州民族管弦乐团参加了在北京音乐厅的"国际现代音乐节"、纪念中美建交40周年赴美文化交流、在国家大剧院的"致新时代——大型原创交响音乐会"演出。同时，文艺院团积极发挥"文艺轻骑兵"作用，组织音乐家、乐手走入学校、社区、企业，把高雅艺术带到人民群众当中，助力塑造文化自信、文化自觉。

3 ｜ 文化产业成果

2018年苏州认定公布文化产业重点项目共45个，当年项目总投资536.36亿元。新增命名16个苏州市文化产业示范基地，截至目前，苏州市主板上市文化企业达到7家，规模以上文化企业近千家；国家级文化产业示范基地（园区）8家、省级示范16家、市级示范67家，各类基地（园区）入驻文化企业近万家。据统计，苏州市文化产业示范基地（园区）的营收占到全市文化企业营收的1/4，形成了集聚发展效应。2008年，苏州成功举办第七届苏州创博会，组织文化企业参加首届长三角文化产业博览会，组织开展苏州"一带一路"海外文化贸易推广行动，搭建企业"走出去"的展示、交流、交易平台。6家文化企业入选"2017—2018年度国家文化出口重点企业"；有4家文化企业获得国家1340万元的出口奖励，获奖金额占全省的85%；以苏州文化消费大数据平台为核心，积极开展引导城乡居民扩大文化消费试点工作，目前已连接212家文化消费网点，涵盖影院、剧院、网吧、数字电视、书城、量贩式KTV、文化用品商店等8个文化行业，同时集中打造每年两次的"苏州文化消费月"活动，7月获全国文化消费试点工作奖励。自试点工作开展以来，参与人次超过270万，市、区两级财政投入专项资金2320万元，带动文化及各类衍生消费1.96亿元，其投入产出比超过了1∶8，基本形成了"一核多元·精准普惠"的文化消费苏州模式。

4 未来发展方向

「1」营造良好的文化发展环境

第一，政府将进一步加强对文化建设的扶持力度，重点关注人才引进、品牌建设和创新核心竞争力等方面，特别是为中小企业融资搭建好平台；第二，要加强知识产权保护，落实相关法律法规的执行；同时要加快文化产品的出口推广，通过组织和补贴展会等方式鼓励企业"走出去"；第三，加强非营利性文化事业的建设。非营利性文化事业不但能提高公民所享受的文化福利，而且是更广泛的商业运作的重要基础，虽然没有直接产生经济效益，但却可以培育成熟的消费习惯和消费群体，为苏州文化产业的更大发展创造更为广阔的市场空间和文化氛围。

「2」深化创新和科技的结合

创新是文化发展的长效机制，而科技是支撑创新发展的不竭动力。苏州将在创新的基础上统筹科技资源，加强核心技术的研发及其与文化的深度融合，提高苏州的文化核心竞争力。

「3」构建和完善重点文化产业链条

运用资本杠杆这一手段，加快推进重点文化产业和重点文化企业的发展，加强文化企业内部的纵向资源整合和文化行业间的横向资源融通，构建和完善重点文化产业链条，形成全方位、多领域文化产业发展格局。

（资料提供单位：苏州市委宣传部文化改革领导小组办公室）

南通市文化改革发展报告

南通市地处长江三角洲东北部，集"黄金水道""黄金海岸"于一身，素有"江海门户"之称。南通历史文化源远流长，江淮文化与吴越文化在这里相互交融。2017年底，南通市有全国重点文物保护单位10处，省级文物保护单位22处，市级文物保护单位59处。2017年，南通市完成地区生产总值7734.64亿元，按可比价计算比2016年增长7.8%，实现一般公共预算收入590.6亿元，比上年同口径增长6%。2018年，南通市以习近平新时代中国特色社会主义思想为引领，深入贯彻落实中央、省关于文化改革发展的部署要求，以建设文化强市为目标，以满足人民的美好文化生活需要为出发点和落脚点，以激发全社会文化创新创造力为源泉，全市文化改革发展新局面不断开创、新成果不断涌现，为南通争当"一个龙头、三个先锋"的新定位、新使命提供了强大的精神动力和文化支撑。

1 | 文化体制、机制改革发展

第一，明确政治责任，出台多项政策法规推进文化改革发展。党的十九大召开以来，南通市委市政府坚定文化自信，牢牢抓住文化建设领导权，自觉增强文化改革发展的政治责任。南通市深改组、市文改领导小组高度重视文化改革发展工作，先后多次召开会议审议出台了《全市宣传文化建设专项资金安排》《南通市关于促进文化产业发展若干政策意见实施细则（2017年修订版）》《南通市文联深化改革方案》《南通市新闻文艺人才引进办法》和《南通文艺人才培养扶持办法》等多个重大政策文件，为南通市的文化事业与文化产业的繁荣提供政策支持，为南通日报社、南通广播电视台宣传与经营两分离改革、南通广电网络与江苏有线新一轮整合、文化事业单位法人治理结构改革、文化产业股权投资基金使用等文化领域的重大改革提供了充分的政策依据和实践指导。

第二，厘清关系，健全管理监督机制，推进文化改革各项目标的实施。近年来，南通进一步理顺政府与市场之间的关系，建立健全党委领导、政府管理、行业自律、社会监督、企事业单位依法运营的文化管理体制，健全深化文化体制改革责任体系，认真督促检查考评。截至目前，《南通市深化文化体制改革实施方案》确定的改革任务95项，应完成71项，实际完成71项。2018年深入推进南通艺术剧院、市文联、南通报业集团和南通广电集团等重点领域改革方案的实施，进一步完善促进文化产业发展的相关政策意见。

2 | 公共文化建设与公共文化服务

第一，公共文化服务体系不断完善。近年来，南通市委市政府直面公共文化服务"短板"，积极统筹协调推进公共文化服务体系建设，一手抓硬件、一手抓软件，以创建江苏省公共文化服务体系示范区为抓手，以推进基层综合性文化服务中心建设为重点，以文化惠民为导向，持续推进公共文化服务设施建设，丰富文化产品和服务供给。2018年，南通聚焦发展目标，在公共文化设施建设、公共文化服务方面成绩斐然。"十三五"以来，南通持续加大公共文化事业投入力度，为广大群众提供更多更好的公共文化产品和服务，有效提升城乡公共文化服务均等化、均衡化水平。2017年，南通市深入实施文化建设八大工程，大剧院、美术馆启动建设，1000个村（社区）拥有达标综合性文化服务中心，确保省公共文化服务体系示范区创建全面达标。2018年，全市基层综合性文化服务中心建设将实现全覆盖。如皋等4个县（市）区、启东市汇龙镇等28个镇（街道）先后建成省公共文化服务体系建设示范区。截至目前，南通有18家已建成并开放的博物馆被列入环濠河博物馆群，通过完善环濠河博物馆群考核和绩效评估制度，有效拓展提升该项目的社会效益。全市尤其注重健全文化需求传导机制，鼓励和吸引全社会参与文化创造和文化供给。"濠滨夏夜""公共文化服务展示月""五月风""文艺展示月""文艺与新时代同行"等群众文化活动的品牌效应日益放大，最大限度地释放公共文化服务的影响力和传播效能。

第二，文艺精品创作日益繁荣。党的十九大召开以来，南通广大文艺工作者积极投身于文化精品创作，在江风海韵中汲取素材，讴歌时代主题，弘扬江海文化，推陈出新创作生产出大量形式多样、题材丰富的精品力作，话剧之乡迸发新活力，舞台艺术精品不断。尤其是近年来，南通市委市政府以"五个一工程"为龙头，健全完善文艺精品创作生产体系、精品创作题材规划体系、精品扶持奖励机制，激发创作热情，调动各方力量，为南通文化繁荣兴盛提供原创力，以中国梦为主题的现实题材、以历史事件和人物为主题的重大题材、以江海文化为主题的地域题材和以百姓生活为视角的民生题材创作生产，取得了令人瞩目的成绩。张謇题材系列文艺作品、歌颂新时代主题的歌曲《跨越古今》、动画电影《江海渔童之巨龟奇缘》、电视纪录片《艾蓝印象》等一批优秀文艺作品创作相继问世。

南通市原创大型话剧《张謇》斩获第三届江苏省文华优秀剧目奖、导演奖、表演奖，入选国家艺术基金2018年度大型舞台剧和作品滚动资助项目，成为江苏首个也是唯一入选项目，创造了连续商演50场，观众超过5万人的南通原创剧目连演场次纪录，可谓叫好又叫座。在江苏省第十届"五个一工程"奖评选中，全市共有10件作品获奖，获奖总数位列全省设区市首位，7位南通籍作家获省文学最高奖"紫金山文学奖"。

3 | 文化产业改革发展

南通市在完善文化市场体系、聚焦文化产业重点项目领域方面坚持改革创新，为南通文化产业提速增效提供驱动力。南通市委、市政府把文化产业发展纳入全市"四个全面"考核管理办法，将文化产业发展的重要性提升到一个新的高度。全市上下紧紧抓住重大项目推进这个"牛鼻子"和园区建设这一重要载体，聚焦文化内容重点领域，激发企业活力、培育壮大各类市场主体，引导文化跨要素跨行业整合，做优载体平台，推动集聚发展，加强科技支撑，培育新兴业态，完善供给结构，促进文化消费。南通文化产业结构业态得以优化，产业集约集聚效能持续放大。

2018年，南通在文化产业创新发展、高层次文化人才培育引进等方面继续发力，确保南通文化发展水平在全省的地位与经济发展水平在全省的地位相匹配，文化软实力和经济硬实力同步增强。进入新时代，南通市文化产业发展明显加速，呈现出又好又快、亮点纷呈的良好发展态势。2018年南通重点推进科技互联网视频产业园等79个文化产业重点项目建设，南通大剧院、美术馆、中影（南通）影视基地等新增文化产业项目如期开工建设。1895文创园、南通淘宝文化艺术品城、大生众创街区等一批重点园区的产业能级逐步释放，承载力日益扩大，影响力迅速提升。我市积极组织参加深圳文博会、厦门文博会、南京融交会等著名会展活动，举办第三届南通文化创意设计大赛等活动，促进文化创意设计成果产业对接与转化。2017年，全市文化产业增加值预计达到392亿元，增加值占GDP比重达5.07%，位居全省第 4 名，始终保持苏中苏北领先地位，文化产业正式迈入南通国民经济支柱性产业。截至目前，我市文化产业认定单位达 9000 多家，规上亿元企业突破 200 家，文化产业发展新动能正在加快形成。

4 经验总结

"十三五"时期，南通推进发展的总体目标是努力把南通建设成为文化凝聚力和引领力强、文化事业和产业强、文化人才队伍强的文化强市，努力构筑思想文化建设高地、道德风尚建设高地，实现以江海文化为特色的文化建设走在全省前列。2018 年南通市文化改革取得的成绩是建立在以下几方面的经验基础上的：

「1」向改革要生产力

改革是社会发展的强大动力。南通将坚定不移推进深化文化体制改革，进一步完善文化管理体制和文化生产经营机制，进一步建立健全文化政策保障体系，不断推进工作理念、方法手段、载体渠道、体制机制创新，坚持问题导向，探索解决束缚文化高质量发展桎梏，解放和发展文化生产力。

「2」向市场要竞争力

市场是资源配置的决定性力量。南通高度重视市场力量，通过建立健全现代文化市场体系，保障企业自主经营、公平竞争，消费者自由选择、自主消费，商品和要素自由流动、平等交换，培育壮大本地小微文化企业，大力扶持文化内容产业，创新文化金融产品和服务，创造条件支持南通文化企业上市或挂牌交易。

「3」向创新要驱动力

创新驱动发展已经成为国家发展战略。当前，南通全市着力实施创新驱动战略，打造"创新之都"。南通高度重视文化创意产业的发展，努力汇聚海内外创意设计资源，更好促进文化创意产业的资源对接、交流合作。推进文化产业融合发展，以文化＋旅游、科技、金融的融合，催生文化产业发展的新业态，推动南通产业转型升级。

「4」向品牌要影响力

品牌是无形资产与价值观念的凝聚和荟萃。南通市委市政府认识到必须用好用活南通丰富文化资源，着力打造南通文化标识、培育南通文化品牌，彰显南通文化特色。近年来，南通市明确了要进一步挖掘江海特色地域文化的内涵和价值空间，提炼提升江海文化特质，叫响一批具有江海文化特征的传承和创新品牌，推动江海文化品牌影响力大幅提升。

5 未来发展目标

对标省内外文化改革发展的先进地区，南通文化建设的质量和水平与城市经济发展成就，与人民对丰富文化生活的现实要求尚有一些差距。2019年，南通文化改革与发展的目标是进一步弘扬江海特色文化，加快提高文化软实力。深化文明城市建设，传承创新传统文化，促进文化事业和产业发展。南通文化改革发展面临体制机制优化、品牌影响力提升、文化创新创造等重大使命。未来一段时期，南通应该妥善处理好改革和发展、历史与未来、政府与市场、国有和民营等关系，为建设"强富美高"新南通、谱写中国梦南通新篇章的实践积极作为。

2019年是南通决胜"十三五"文化发展目标的关键一年，南通市将聚焦奋斗目标，抢抓重大战略交汇叠加机遇，奋力建设长江经济带战略支点和上海大都市北翼门户城市，推动高质量发展走在前列。真抓实干，加快推进文化产业、文化事业高质量发展，打造高质量的文化新优势，树立高质量的文化新标杆，传播高质量的文化新风尚，为全市人民提供健康、持续、积极的精神指引和文化滋养。

（资料提供单位：南通市委宣传部文化改革领导小组办公室）

连云港市文化改革发展报告

连云港处于连接新亚欧大陆桥产业带、亚太经济圈、环渤海经济圈和长三角经济圈的"十"字结点位置，为陆上丝绸之路和海上丝绸之路交汇点，是新亚欧大陆桥东桥头堡、中国首批沿海对外开放城市、中国重点海港城市、中国优秀旅游城市和中西部最便捷出海口岸。2018年，连云港市紧紧围绕省委"文化建设高质量"、市委"高质发展、后发先至"的部署要求，立足产业基础，坚持特色化发展、项目化推进、常态化服务，文化产业呈现出后发快进的良好态势，初步形成了具有连云港地方特色的文化产业发展格局。

1 文化体制机制改革创新

「1」强化顶层设计，积极探索适应新时代新要求的文化改革发展体制机制

连云港贯彻落实十九大精神和省文化建设高质量发展要求，与市发改委共同建立文化创意联席会议制度，与市财政局制定文资管理制度。市委市政府坚持以改革催生发展动力，将文化体制改革工作纳入全市经济社会发展总体布局，先后出台了《关于印发连云港文化产业规划（2014—2020）的通知》《关于推动文化建设迈上新台阶的实施意见》《连云港市"十三五"文化发展改

革规划》和《文化建设高质量三年行动计划》等一系列政策规定，召开全市文化改革发展座谈会，出台 2018 年文化改革发展工作要点及任务分解表，举行解放思想大讨论活动，为文化体制改革助力助智。

「2」完善文化统计监测体系

2018 年，我市与省市统计部门对接，拿出专项资金，与高校及有关单位联合确立文化改革发展统计监测体系；明确文化融合、"两效统一"改革、文联作协记协深化改革为 2018 年重点改革项目；举办两期全市文化产业统计培训班；会同文化、统计等部门开展全市文化产业调研、东海水晶产业和全市文化产业投融资体系专题调研，利用 3 个月时间调研 30 余家单位和企业，通过驻点调研、座谈交流、实地走访等形式，摸清产业底数、研究对策建议，并形成专题调研报告。

「3」文化改革成效显著

我市出台《连云港市深化文化市场综合执法改革实施方案》，整合市、区两级文化行政执法队伍，率先实现文化市场综合执法"同城一支队伍"，受到文旅部专题表扬，文化执法改革经验代表江苏走向全国，在全国范围内产生良好反响。"两效统一"持续完善。我市会同市财政局，研究制定《连云港市国有文化企业负责人考核及薪酬管理办法》及《连云港市国有文化资产重大事项管理办法》，加强"三重一大"事项管理。制定广电集团、演艺集团人才引进管理办法，引进高层次专业人才 26 人，有效推动国有文化企业发展。媒体融合不断加强。我市重点建设以"连云港手机台""连云港发布""连网"为龙头的新闻网站和移动终端等新媒体业务。"连云港发布"被省委宣传部、省委网信办评为江苏省新媒体运用创新奖。"连云港手机台"用户近 50 万。完成文联作协改革。

2 | 文化事业与公共文化改革发展

第一，建立三级联动机制，文化惠民成效显著。为深入学习贯彻习近平总书记重要指示精神，大力弘扬新时代"红色文艺轻骑兵"精神，连云港市深化"深入生活、扎根人民"主题实践活动，统筹全市文艺生产单位、文艺人才组建100余支文艺小分队，新建了中哈物流基地等覆盖全市的采风创作点20个，形成市、县（区）、镇（街）三级联动的工作机制。2000余名文艺名家、文艺志愿者登记在库，根据基层群众特点分别组编成戏曲、"海莲籽"、"经典·悦读"等小分队，每月定期深入贫困乡镇、田间地头、偏远学校、港口码头送演出、送文化600余场，鼓励文艺小分队与群众结对帮扶，进一步推动群众文化从"送文化"向"种文化"转变，助力乡村振兴计划和最美乡村创建，全国文明城市创建深入开展。2018年连云港市第三届戏剧节秉持"艺术为民、艺术惠民"的宗旨，既有以市区为中心的主场地，也有市县联动、县区特色分会场，将全方位、大范围地展示近年来我市戏曲艺术发展成果，促进我市戏曲事业繁荣发展。戏剧节题材更加丰富，艺术更加精湛，展演场馆更多，观众覆盖面更广，真正实现"周周有演出，人人可参与"。

第二，探索阅读新空间组织建设模式，推进全民阅读。2018年，连云港共有420家基层综合性文化中心，开展文化惠民活动2万场次，8家公共图书馆获评国家一级馆；为了推进全民阅读，连云港在全市人流相对密集的旅游景区、公共服务场所、科技创意区等打造公共阅读新空间，新增"民革中山书院""政务读书会"等阅读新空间组织80余处，"静书房""大华文化交流中心"获得省紫金奖（20万元补助）；推动定向行业阅读新空间组织建设，在军营、企业、农村建成了一批具有行业特色的阅读新空间组织；同时新增一批室内外图书漂流点，涌现出桃源书屋、樊氏书屋等一批典型农村阅读组织，极大激发了阅读热情，进一步夯实公共阅读基础。2017年度江苏省居民阅读状况调查结果显示，连云港市居民综合阅读率为84.39%，比2016年提高1.38个百分点，在苏北五市中位列第一。

第三，规范文化资源梳理保护，探索区域文化资源交流机制。2017年9月30日，市政府印发了《连云港市文物保护管理办法》，启动了国家历史文化名城申报工作，提升了核定和公布文物保护单位的力度和效率。第五批市级文物保护单位的公布，也使得我市又一批文化遗产纳入法制化、规范化管理范围。市文广新局公布了第五批市级文物保护单位名单，包括古遗址、古墓葬、古建筑、石窟寺及石刻、近现代重要史迹5大类在内的共23处不可移动文物，时代跨度从汉代到建国后。其中涉及汉代2处，唐宋1处，元代1处，明代3处，清代6处，民国4处，建国后6处。经过此次市级文保单位扩容，目前连云港市级文保单位增加到94处。

另一方面，进一步整合区域文化资源，加强城市间非遗交流。为推动苏鲁两省非遗保护与传承发展，2018年6月，连云港、临沂、日照两省三市在连云港市成立了苏鲁两省三市非遗联盟。两省三市非遗联盟将以"多彩非遗，美好生活"为宗旨，以"非遗让生活更美好"为目标，以"新时代、新生活、新传承"为责任，力求为两省三市从事、热爱以及支持非遗保护工作的人士搭建一个共享、交流、互动与传播的平台。同期举办的连云港、日照、临沂三市非遗大集遴选80个优秀非遗项目在连云港博物馆集中展示展演，总结交流各自非遗保护传承发展经验，推进非遗保护成果全民共享。

3 | 文化产业创新发展

第一，以文化产业主体培育为支撑点，强化龙头带动作用。坚持以做大做强文化企业、培育产业龙头、实现集群化发展为主攻方向，助力伍江数码、鸿奥科技、恒大助业、蜂之谷等文化企业迅速发展，与此同时，把培育文化上市企业作为解决我市文化企业基础弱、不规范、体量小、资源散等问题的有力抓手，以点带面，提升文化发展层次和水平。我市探索建立全市拟上市挂牌文化企业库，加大服务力度，鼓励文化企业通过新三板等多层次资本市场挂牌上市。目前，全市已有鸿奥科技、至善坊、水晶投资、泰格油墨、海州湾文旅、飞亚光源等多家企业启动上市流程。

第二，实施文化园区建设工程，打造地域文化品牌。以杰瑞科技创意产业园和东海水晶创意产业园为核心载体，以灌南海西文化创意产业园、高新区文化科技金融融合基地等文化园区为主体，进一步整合现有园区、企业投融资资源；会同市科技局联合推荐东海水晶文化创意产业园申报2018国家文化和科技融合示范基地；修订完善《连云港市文化产业园区认定管理办法》，启动第二批连云港市文化产业园区申报工作，促进项目向园区落户，企业向园区集中，形成以国家级、省级文化产业园区为龙头、市级文化产业园区为骨干、特色文化产业集群为支点的发展格局；在地方文化品牌建设方面，成功举办"画说美猴王"活动，面向全球征集文创作品4209件；在北京举办"一带一路"战略与连云港发展座谈会、"百城百人，花果山邀您当评委"、"我心目中的美猴王"等活动，人民网、腾讯网等数十家中文主流媒体及路透社、YouTube等131家外文媒体进行报道；连续四年举办"创意连云港"文化创意设计大赛，征集作品超5000件，在此基础上，研制开发八大系列12个主题300多款文创产品；创新打造中国·连云港首届西游文化嘉年华，举办第四届"创意连云港"文创大赛、西游音乐节、"寻找美猴王"抖音大赛、"猴王争霸"等系列活动；邀请国内知名专家等做专题讲座，打造城市文化会客厅文化走出去、请进来平台；积极组织参加香港"江苏文化嘉年华"、深圳文博会、长三角文博会等高端展会，在上海举办连云港·闵行"文化+"合作洽谈会，港城文化品牌效应持续提升。

第三，以文化融合为着力点，推动产业提质增效。首先，加强文化与金融的联通融合。自2010年出台《连云港市文化产业发展专项资金使用管理办法》以来，共发放专项资金3995万元，扶持文化项目164个，其中民营小微企业92个；联合市金融控股集团成立1000万元文化产业专项基金，完成同德信息300万项目融资，推进飞亚电光源等续投项目，储备泰格油墨、至善坊等项目；升级"连文贷"文化金融产品，出台《"连文贷"文化金融产品实施细则》，贷款规模首次突破2000万，进一步破解我市中小文化企业融资瓶颈，推动文化产业繁荣发展。其次，拓展文化与旅游融合渠道。成立江苏海州湾文化旅游发展集团有限公司、江苏西游文化旅游产业有限公司等文旅融合企业，在花果山景区、连岛景区建立文创品牌实体店，重点开发西游记、镜花缘等地方优秀文化资源，打造西游小镇、西游主题乐园、板浦镜花缘小镇等重点项目；通过旅游业的发展，连云港特色文化产业知名度逐渐提高，东海水晶、西游文创等一批新兴文化业态蓬勃发展。东海水晶形成了年产3000万件水晶首饰、500万件水晶工艺品的生产规模。全县水晶网店达1.9万家，年交易额超过40亿元。我市开发的"到此一游""悠游西游""大话西游""晶致西游""西游人生"等200余款以西游等地方元素为体裁的文创产品，在国家、省级比赛中屡获大奖。再次，嫁接资源平台促发展。与央视联合成功举办《创业英雄汇》海选连云港站活动，全国17个省市的1052个项目报名参与，最终决选出6个项目送入央视主会场参与节目录制，其中止鼾器和小明扳手2个连云港本土项目在央视录制现场与创投企业成功签约；联合市高新区、市科技局、市人社局等单位，整合市内外优势资源，打造"1+N"文化平台体系；打造集创意设计、技术支撑、版权服务、金融扶持、创业孵化等于一体的市级"文化+"融合发展服务平台。依托市级平台，与淮工、师专建设文化融合协同创新中心、文化创意研究所，推进海西、水晶小镇、丝路小镇、连岛等文化平台建设。

4 | 未来改革发展目标

　　连云港文化改革与发展任重道远，未来需要更加注重挖掘和利用连云港市地域文化品牌，不断延展产业发展空间，将创意设计、研发生产、营销推广、衍生产品和创意园区、主题展示中心等有机结合，从而加速推进各类现代文化产业园区建设，加强文化产业的资源整合，形成产业集中、辐射力大、集聚力强、可持续发展的文化产业发展中心。与此同时，要加强文化产业的资源整合力度，不断延展产业发展空间，提升连云港市文化产业要素的聚合力和附加值，在创新发展中形成可持续性的相关文化产业链并有效提升集聚效能。应选择一些具有本地区文化特色、规模化程度较高、发展成长性较好的行业和产业，如文化创意、旅游娱乐、新闻传媒、演艺娱乐等行业，制定具有本地特色的文化产业发展战略，积极开发文化创意产业，以多维度的创意产业带动多条文化产业链的形成，为提升连云港市文化产业的综合竞争力铸造发展新引擎。

　　（资料提供单位：连云港市委宣传部文化改革领导小组办公室）

淮安市文化改革发展报告

2017—2018 年，淮安市聚焦中央和省文化体制改革工作部署，结合淮安工作实际，运用系统化思维，从解决广大群众最关心最直接最现实的利益问题入手，推动文化体制改革、机制创新，助力文化建设各项工作持续推进。

1 | 体制机制创新

第一，大力推进戏曲院团体制改革。根据《淮安市委全面深化改革领导小组 2018 年工作要点》，按照市委、市政府主要领导的指示要求，淮安根据中央省市委有关文件，并结合淮安戏曲院团发展实际，召开了不同层面的座谈交流会，对全省各市戏曲院团改革情况开展了专题调研，草拟了《关于深化改革创新推进戏曲振兴工程的实施意见》。分别经 2018 年 10 月 17 日市政府八届第 28 次常务会议，11 月 7 日市委全面深化改革委员会第一次会议审议通过，正式印发。淮安市委深改组将深化戏曲院团改革列入 2018 年全市改革工作要点，在深刻理解和把握政策要求的基础上，结合淮安戏曲院团发展实际，召开了不同层面的座谈交流会，对全省各市戏曲院团改革情况开展了专题调研，草拟了《关于深化改革创新推进戏曲振兴工程的实施意见》，分别经市政府常务会、市委常委会审定通过后正式印发。《实施意见》明确了加大对文艺院团投入、创新运行机制、加强绩效考核、强化人才支撑、完善激励政策、支持非遗戏曲传承发展、支持确权文化资产等七个方面的重点任务，按照"改革、发展、稳定"三者统筹兼顾的原则，逐步形成与人才培养、精品创作、演出传播等挂钩，"统一兜底保障"和"自主绩效奖励"为一体的"一团一策"局面，党委政府对文艺院团的管理方式日益完善，文艺院团文艺创作生产能力和服务社会能力显著增强。2018年8月14日，国家文旅部领导来淮安市调研院团改革情况，给予认可与肯定。

第二，积极实施文化企业管理改革。筹备成立市管一级企业文旅集团，会同市文广、旅游、财政等部门，研究推进组建文旅集团工作，在广泛调研、细致谋划基础上，结合全市大运河文化带建设，对集团公司发展定位、组织架构、推进措施作了进一步明确，形成初步工作方案。

第三，进一步加强了文化市场监管。淮安市开展以"文明网吧"为重点的单元创建，打造"以文化人，共创文明城——我是城市最美的风景"特色品牌创建活动；突出"四个重点"监管环节，建立健全文化市场监管长效机制，深入推进"清源""净网""护苗""固边""秋风"等专项行动，有效开展网上有害信息整治活动；高质量承办全省"扫黄打非"办公室主任会议暨全省"扫黄打非"基层站点高质量建设推进会议，组织市网管办、公安、经信委等部门及各县区召开"扫黄打非"专题会议，部署全市违法违规网络游戏专项整治行动，为全市打造了文明和谐、平安有序的文化环境奠定了坚实基础。

2 | 文化事业成果

第一，强化文化遗产保护传承。围绕"多彩非遗，美好生活"主题，成功举办中国（淮安）大运河文化带城市非遗展暨2018年"文化和自然遗产日"江苏非遗展示活动，新华社、中新社、《中国文化报》等数十家媒体参与全面报道工作，中央电视台先后在《新闻联播》《朝闻天下》《新闻直播间》连续播报了此次大展盛况；按照现实版"清明上河图"的目标定位，梳理盘清淮安境内大运河文化资源家底，推进建立运河文化遗产数据库，建成集管理、监测等功能为一体的大运河遗产数字公共服务平台，推荐板闸遗址、泗州城遗址、清口水利枢纽等项目列入全国《大运河保护传承利用规划纲要》。7月份，淮安市文广新局被国家人力资源和社会保障部、国家文物局表彰为"全国文物系统先进集体"。

第二，提升公文文化服务体系建设。全面落实为民办实事项目，持续开展文化"四送"，截至2018年10月底，市直文化单位累计完成公益文化活动105场（次）；组织全市戏曲院团，持续开展送戏下乡活动，完成447场（次）；并通过向上争取的方式，为各县区免费送书下乡10.3万册；同时，完成送电影下乡1.47万场。以改善环境、优化服务为目标，完成基层综合性文化服务中心建设575家（超出年度任务77.4%）；坚持文化公益性原则，大力开展"互联网+公共文化服务"行动，通过服务外包方式，"文化淮安"（国家公共文化服务体系示范项目）顺利通过国家文化和旅游部的实地考察验收和集中评审，实现了文化服务的数字化、菜单化；结合全国文明城市创建，推出淮安印记的阅读精品，实施阅读文化培育、阅读示范活动和阅读精品引领工程，2018"中国淮安·周恩来读书节"的阅读分享与惠民演出系列活动，先后被《人民日报》头版、《人民日报》（海外版）、中国新闻网等多家新媒体予以推介，"书香淮安·品读江淮"特色品牌文化活动得到社会认同。

第三，推动艺术精品生产。始终坚持以人民为中心的创作导向，大力实施名家名作工程，创作完成大型新编京剧《鹤舞云天》和淮剧《黄炎培》，打磨提升淮剧《大湖魂》，完成戏曲电影《皮秀英四告》录制，淮海戏分别走进央视戏曲频道"璀璨梨园——大型戏曲晚会""花好月圆——2018中秋戏曲晚会"及江苏省中秋戏曲晚会。围绕弘扬周恩来精神、传承大运河文化，先后在全国举办"纪念周恩来诞辰120周年美术作品全国巡展"、举办"大美运河·工致当代"——全国工笔画巡展，并在台湾成功举办了"淮安文化周"活动，有力提升了淮安文化影响力。结合"文化新三馆"外包服务，引入高雅艺术资源，陆续推出了"纪念周恩来诞辰120周年中国画作品展"，以及赵绪成、陈孟昕个展等20余场颇具影响力的展览活动，《中国文化报》等上级主管部门所属媒体，对淮安提高文化为民服务质量的情况作了专题报道和推介。

3 | 文化产业成果

按照"双效统一"要求，大力实施"大文化、大融合，以产强文、以文兴业"的发展战略，高标准完成"淮安文创港"建设任务，开发入库具有淮安文化元素内涵的文创产品400多款共计1万余件，为全市文创产业创业者、创意者、服务者、生产者、消费者提供了一站式1+1＞2的增值服务。

稳步推进"文化三库"建设，大力实施"522雄鹰计划"，重点扶持涟水天宫云锦《红楼梦全景图》128米云锦长卷织造项目，该项目将在斯德哥尔摩中国文化中心重点展览；重点培养的骨干企业37个，"五个一批"重点项目72个，成功创建第一批省重点文化产业示范基地1家，全市文化产业增加值占GDP比重继续在苏北领先。实施文化科技融合发展计划，全市新培育省级重点文化科技企业5家，占苏北总数一半。推荐正诚文化有限公司获评"南京都市圈最具投资价值文化企业"。

举办第四届"智创淮安"文化创意设计大赛和优秀文创设计作品展，设立产业孵化基金，引导市内外设计机构、文创企业、创意精英、文化创客来淮参赛创业发展。组织全市优秀文创企业参展 2018 南京融交会、第七届中国版博会、首届长三角文博会，得到省有关部门的高度肯定，获评"首届长三角文博会优秀组织奖"，充分彰显淮安"新文创"风采。

4 未来发展方向

目前，淮安市的文化发展还存在一些问题，主要有以下几个方面：

「1」文化产业规模总量偏小且结构不合理

总体而言，淮安市的文化产业整体发展水平仍然不高，其文化产业增加值、人均文化产业增加值占 GDP 的比重均处于全省较低水平。另外，全市文化产业空间布局及发展趋势呈现出不平衡态势，如清浦区、开发区、赣榆区、涟水县、洪泽县、金湖县等地区均结合当地文化资源禀赋进行了文化产业的开发利用，然而受相关政策的落实情况、区域经济发展情况、人文环境及人口素质等因素的综合影响，文化产业发展速度及体量并不相同。新兴文化产业虽然取得较快发展（如软件、动漫、游戏等正蓬勃发展），但是，整个新兴文化产业的产值在文化产业中所占比重偏小。这既与产业组织集约化、市场化程度不高、政府投入不足、资源优势分散等因素相关，又受到文化产业低水平供求与非对称结构性矛盾、传统资源配置机制与市场化要求之间的矛盾制约。

「2」文化企业创新能力薄弱

淮安现有大多数文化企业仍属传统型文化企业，比如广播电视、文化旅游、印刷包装等传统文化企业。

这些文化企业自身的原创能力较弱，缺乏具有自主知识产权的文化产品，发展模式仍然停留在劳动密集型向劳动—技术密集型转变初级阶段。淮安虽然拥有一定数目的各类文化产业经营单位，但产品基本上面向本地市场，市场份额小。企业由于缺乏创新能力，市场竞争力不足，阻碍企业规模扩大，因而不能获得产业的规模效应。

「3」文化品牌效应不强

淮安历史底蕴深厚，文化资源丰富，近年来，淮安市挖掘资源优势，进行深层次提炼，初步打造出一系列文化产业品牌，也为淮安带来了较为明显的经济效益，成为招商的载体、发展的平台。但是如何让这些品牌能够更好地整合文化资源，吸引更多的文化人才，更好地为淮安文化发展服务，提升淮安的文化发展水平，仍是摆在淮安各级政府面前的一个重要问题。

针对淮安文化发展现存的一些问题，可以考虑采取以下的应对措施：

「1」统筹规划，加大指导力度

加大对基层文化发展的指导力度，制定适应新形势的配套政策，进一步出台一系列强有力地推动文化发展的规划和指导意见，使文化发展获得科学指导和有利保障。

「2」补齐短板，加大扶持力度

加大对外考察、观摩、学习、交流的力度，广泛借鉴外地的文化发展经验。同时，采取有力措施，努力建强基层文化人才队伍，努力发现、加快培养、积极引进文化方面的专业人才。支持基层文化单位申请国家专项建设资金、省级现代服务业发展专项资金，向国家开发银行、中国农业发展银行等政策性银行申请长期低息贷款，进一步打通当地文化发展的瓶颈。

「3」打造品牌，加大协作力度

淮安各县（市）区地理相近、文化相亲，资源禀赋既各有特色，又有统一的内在联系。建议围绕打造西游文化、大运河文化、生态文化等品牌，充分挖掘各地文化底蕴，打破地域分割，融合各县（市）区文化资源，按市场需求，加大宣传力度，打造独具特色的淮安城市文化品牌。

（资料提供单位：淮安市委宣传部文化改革领导小组办公室）

盐城市文化改革发展报告

2018年，盐城市创新改革思路，夯实改革举措，注重改革实效，推动文化体制机制更加完善，文艺创作成果更加丰硕，公共文化服务体系更加健全，文化事业产业发展更加强劲。

1 | 体制机制创新

一是健全舆论引导机制。2018年10月份市委常委会通过方案，加快推进市委网信办机构设立，全力培塑"全省互联网舆情工作示范点"。我市改进创新宣传方式，下发《关于加强重大主题网上宣传工作的通知》，每月通报工作情况。加强网络文化和公益活动建设，开展"中国淮剧之乡"首届全国百强淮剧票友网络大赛等59次网络文化活动，开展"乡村学校艺术教室建设计划"等45次网络公益活动。我市加强网络综合治理能力，推动文明办网、文明上网，构建和谐清朗的网络空间，进一步规范和完善新闻舆情处置制度，完善月度新闻工作例会、新闻通气会和新闻选题报道制度。建立完善新闻出版从业人员数据库，强化新闻工作者队伍的日常管理。

二是媒体融合发展推向纵深。我市积极探索传统媒体与新兴媒体融合发展的有效路径，初步建立起多渠道融合、全媒体呈现、长效化推进的全新格局。盐阜大众报报业集团推进平台建设，设置四大中心，即融媒体指挥中心、融媒体采访中心、融媒体发布中心和融媒体运营中心。盐城广播电视总台以创新主题，宣传推进融合传播常态化，倾力打造"智慧盐城"APP，探索建立联动宣传机制，成为全国城市台用户增速最快的新闻客户端之一。此外，盐城市有效探索县级区域性媒体融合发展新路径，盐城市盐都区整合广播电视、新闻信息中心、文化艺术中心等资源，挂牌成立盐都区融媒体中心，也是全省首家以"融媒体中心"命名的县级单位。市委按照全国宣传思想工作会议要求，推进东台、射阳、阜宁等县（市、区）整合报社、电视台等媒体资源，开展县级融媒体中心建设试点工作。

三是国有文化企业改革不断深化。我市贯彻落实《关于推动国有文化企业把社会效益放在首位、实现社会效益和经济效益相统一的实施意见》精神，坚持党委领导与完善法人治理结构有机结合，切实加强国有文化企业党的领导，进一步完善国有文化企业业绩考核、内容导向考核办法，并将社会效益考核细化量化到政治导向、宣传任务、履行社会责任、社会影响等具体指标中。市演艺集团把"出人、出戏、出效益"作为发展目标，实行艺术精品生产、文化产业提升、艺术人才培养、非遗文化传承四轮齐转的运行模式，探索出一条"剧场有剧团、剧团有剧场"文化企业运营的新路径，迸发出新的活力。集团成功推出大型淮剧《小镇》、舞剧《烽烟桃花飞》等一批反映盐城特色的优秀作品，淮剧《小城》正积极打磨提升中，取得了社会效益和经济效益双丰收。

四是顺利完成文化市场综合执法、文联改革。我市按照省委办公厅、省政府办公厅《关于进一步深化文化市场综合执法改革的实施意见》要求，对照《盐城市深化文化市场综合执法改革实施方案》，全面完成了文化市场综合执法改革任务。全市紧紧抓住群团改革"去四化"和"强三性"总要求，精心准备，周密部署，5月份出台了《文联改革方案》，完成了文联改革的工作任务。

2 | 文化事业成果

一是精品创作勇攀"高峰"。我市组织召开全市年度重点题材规划创作部署会，下发了《2018—2019年全市重点文艺精品创作生产目标任务分解表》，明确创作主题及题材，落实创作任务及时间安排。重点创作淮剧《小城》《送你过江》《十品半村官》，以及电影《美丽村庄》、电视剧《乳娘》等作品，举行文艺精品创作培训班，进一步明晰精品创作的方向和目标。淮剧《送你过江》《十品半村官》荣获2018紫金文化艺术节优秀剧目奖，盐城是唯一有两部作品获优秀剧目奖的设区市，同时入选2018年度省舞台艺术精品创作扶持工程（全省12部）。小淮剧《良心》亮相2018全国基层院团戏曲会演，小戏《方向盘》荣获第七届全国小戏小品优秀展演剧目奖，淮剧《娘愿》获得全省优秀文艺成果奖。魔术《羽》获第十届中国杂技金菊奖，杂技《扇舞丹青·头顶技巧》获第六届俄罗斯"偶像"国际马戏艺术节金奖。淮剧《小镇》连续3年第3次进京演出，并作为全省5台推荐剧目之一，参加"江苏戏曲名作高校巡演"系列活动，该剧总演出场次已达162场。积极与中央芭蕾舞团合作展演大型芭蕾舞剧《鹤魂》，展示盐城特色文化。响水县获"中国小戏艺术之乡"称号。

二是主题活动特色鲜明。深入开展文艺志愿服务活动，市委宣传部成立文艺志愿服务总队，市文广新局、市文联及各县（市、区）分别成立文艺志愿服务队，共成立13支文艺服务队；重点围绕"深入生活、扎根人民""传承红色基因、弘扬优秀传统文化""我们的中国梦""文明创建我先行"四个主题活动，组织各级文艺志愿者，开展文艺演出、文艺培训、文艺展示等系列文艺志愿服务活动；组织开展"庆祝改革开放40周年"盐城市精神文明建设"五个一工程"优秀作品巡演、"庆祝改革开放40周年"盐城市优秀舞台剧（节）目展演、紫金文化艺术节盐城分会场广场文艺演出等系列活动，不断丰富人民群众精神文化生活。

三是公共文化服务体系建设更加健全。公共文化设施网络进一步完善，2018年新建617个村（社区）综合文化服务中心，新建县级图书馆、文化馆分馆32个，有序推进海盐博物馆、市美术馆、江苏淮剧博物馆等提升改造工程；完善了以流动文化大篷车、流动图书馆、流动文化馆、流动影院等为基本项目，以"盐渎书吧""青年来吧"等项目为补充的"4+X"流动文化服务模式；全面推广文化预约精准惠民工作，通过电话、有线电视、网站、手机APP客户端等多种方式设立预约平台，建立分众化文化菜单，变"送餐"为群众"点餐"；文化惠民品牌特色进一步显现，精心打造"十馆联动"先进文化下基层巡演、"盐渎大舞台"、"盐渎风"读书节等文化品牌；"十馆联动"先进文化下基层巡演，由市文化馆牵头、9个县（市、区）文化馆参与，实现文化资源共享，以每年九、十月份集中全市基层文化队伍，采取每县一个基层点的宣传形式，把演出、展览等优质公共文化资源送到农村、送进社区；扎实开展文化惠民"三送"工作，2018年年累计送戏2000场次，送展览200场次，送电影2万场。

四是人才队伍逐步壮大。大力实施文化人才培引工程，一方面立足本地，加强基础性人才的选拔和培养；另一方面放眼全国，加大优秀人才的引进。省淮剧团、市淮剧团、建湖淮剧团等与盐城高等师范学校联办淮剧班，培训的100余名学员已陆续进入各个剧团工作，成为淮剧的后起之秀；市和县（市、区）都巩固充实专业剧目创作室，面向全国、省范围吸引了一批专业创作人才；市演艺集团每年通过公开招聘、签约、聘请等形式，引进一批演出专业人才。目前，全市有专业文艺院团13个，专业艺术人员2410余人，其中，一级职称35人，二级职称203人，省"五个一批"和省青年文化人才4人，省"333"人才11人。

3 文化产业成果

一是创新发展，增强竞争力。组织东方1号文创、克莱斯曼玻璃工艺品等百件特色产品参展首届长三角文博会、深圳文博会、南京融交会等知名展会，获得经济效益与社会效益双丰收；实施2018年度全市文化产业专项资金的扶持工作，将文化创意、文化旅游项目列入扶持重点，加大对中小文化企业的扶持力度，确定了23个扶持项目，金额1000万元；组织开展盐城市第三届文创大赛，累计收到作品1356件，吸引市内外众多设计者参与；开展盐城文化产业（上海）文化产业项目招商推介会，15个项目现场签约，投资总额达37亿元；12个项目进行推介，计划投资近百亿，涵盖多个门类。

二是集聚发展，提升影响力。抓好重大平台、重点企业和重大项目建设，打造特色鲜明、错位竞争、协同推进的区域文化产业发展新格局；聚龙湖文化产业集聚区依据大数据产业园、国际创投中心、欧洲国际风情街、华邦国际等重大载体已经聚集了数据科技、文化创意、动漫制作等文化产业企业400余家；东方1号创意产业园以创意产业集聚为支撑，以文化创意产业和工业设计为抓手，已集聚50余家设计机构和产学研合作基地，拥有高端设计师300余名。

三是融合发展，增强带动力。突出"文化+科技""文化+金融""文化+旅游"等重点，增强文化产业对其他产业的引领和带动作用。城南新区大数据产业园的"文化+科技"，东台西溪、大丰荷兰花海的"文化+旅游"，大丰东方1号的"文化+创意设计"融合，东台发绣、大丰瓷刻、射阳盐雕、滨海草柳编的"文化与传统手工艺"等融合发展具备了较大的发展空间和前景。

4 未来发展方向

盐城市文化改革发展工作还存在一些困难，主要表现在以下三个方面：一是文艺精品创作不平衡。虽然盐城市精品创作取得了良好成绩，但作品影响不大、类型单一仍是突出问题，特别是图书、歌曲、电影等门类还需重点突破。二是文化产业发展动力不足。盐城市连续几年文化产业增加值占GDP比重增长较快，但是因为产业结构还不够合理，产业发展的不均衡性，缺少附加值高、带动力强的骨干文化企业。三是政策扶持力度还不够。在公共文化体系、文化高层次人才、招引优质项目等方面的扶持力度还不够，仍需加大扶持力度。

今后将重点抓好以下几方面工作：一是大力实施文艺精品战略。力争在省"五个一工程"评选中获得更多奖项。支持开展优秀传统戏曲、非遗项目等进校园、进社区、进乡村。二是加快文化产业发展。加快推进文化产业园区（集聚区）和特色文化街区建设。以长三角文博会、南京融交会、深圳文博会、苏州文创会等为载体，加强文化企业的招商推介。加大全面接轨上海力度，让上海先进理念和特色经验在盐城开花结果。三是深化改革创新。健全完善国有文化企业"双效统一"体制机制。加快推进公用文化服务标准化、均等化。继续高质量完成516个基层综合文化服务中心建设任务，开展乡镇文化站专项整治。实现县（市、区）完成镇级图书馆分馆建设全覆盖。完善中国海盐博物馆改造提升后续工程，加快实施新四军纪念馆、市美术馆、江苏淮剧博物馆等场馆展陈提升工程。实施文化精准惠民工程，让文化发展成果更多更好地惠及盐阜百姓。

（资料提供单位：盐城市委宣传部文化改革领导小组办公室）

扬州市文化改革发展报告

扬州地处江苏省中部，长江与京杭大运河交汇处，是南京都市圈紧密圈城市和长三角城市群城市，国家重点工程南水北调东线水源地，有中国运河第一城之美誉，也是中国首批历史文化名城。2018年以来，扬州认真贯彻落实省委、扬州市委关于文化改革发展的决策部署，坚持解放思想、守正创新，突出系统思维、积极探索，扎实开展文化改革发展各项工作，全市文化建设高质量步伐不断加快。

1 文化政策文化制度创新改革情况

改革没有止境，发展不能停顿，扬州文化改革发展必须乘势而上、持续大力推进。进入守正创新的重要阶段，高质量推进文化改革发展，扬州牢牢把握举旗帜、聚民心、育新人、兴文化、展形象的使命任务，按照省委明确的"三强三高"目标和走在前列要求，进一步开阔思路、创新举措，着力增强扬州文化的软实力、影响力和创新力，重点抓好以下重点任务：

第一，突出建章立制，提高管理水平。深入推进党委（党组）理论学习中心组学习制度建设，建设中心组学习示范点；完善基层宣讲队伍管理制度，组建成立"一核（市领导）、两库（专家、职能部门领导）、多团（民间志愿者）"的宣讲人才库；完善新闻舆论引导联系会议制度，加强和改进新闻发布工作；推进县级融媒体中心建设；扎实推进诚信建设制度化，完善诚信"红黑榜"发布制度；制定扬州市文明行为促进条例。

第二，文化改革发展制度不断健全。制定印发扬州市文联、作协、记协深化改革方案；印发《关于深入推进社会主义核心价值观建设"六化"工程的方案》；印发《关于加强文物保护利用工作的实施意见》；制定《关于推动文化建设高质量走在前列的工作方案》《扬州市新时代文明实践中心建设试点工作方案》《扬州市文化人才高质量发展三年行动计划》《扬州市文艺"名师带徒"计划工作方案》。文化立法工作稳步推进，开展文明行为立法条例专项调研，《扬州市非物质文化遗产保护条例》上报省人大常委会审批。

2 | 文化事业改革发展情况

第一，突出三大品牌，释放文化魅力。2018年，扬州着力打响红色文化品牌，深入挖掘扬州悠久的红色文化，大力弘扬光荣的革命传统，全面系统梳理扬州红色文化遗存和人物，建成一批党性教育基地；打响运河文化品牌，积极推进中国大运河博物馆和大运河国家文化公园建设，办好大运河文化旅游博览会和世界运河城市论坛，积极参与海上丝绸之路申遗，加快建成世界运河文化名城，把大运河文化带扬州段建设成为先导段、示范段、样板段；打响维扬文化品牌，充分发挥扬州在传承江南文脉中的重要地位，进一步推动维扬文化传承创新、推陈出新，筹建维扬文化研究中心，继续推进扬州地方文献整理与研究，深入阐释维扬文化的发展脉络、要素特质、历史地位、当代价值，引导人们从延续文化血脉中坚定自信、走向未来。与此同时，在文化遗产保护方面继续规范、高效推进。我市出台《关于加强文物保护利用工作的实施意见》，扎实推进隋炀帝墓考古遗址公园、扬州城国家考古遗址公园、龙虬庄遗址公园建设，加强非遗数据库建设，定期推出"精彩非遗"资讯和视频。第二批国家级非遗传承人、第五批省级非遗传承人、第四批市级非遗项目和传承人申报工作有序进行。大运河文化带建设进展顺利，中国大运河博物馆落户三湾，大运河国家文化公园建设稳步推进；成功举办世界运河城市论坛以及四个分论坛，承办其中的世界运河城市博物馆馆长论坛、世界运河城市文化旅游合作论坛，形成通过了5份《共识》；编制完成《扬州大运河文化遗产保护利用总体策划方案》，推进实施淮扬运河主线（邗江段）运河保护、邗沟东道（樊川段）保护整治、扬州盐业遗迹保护展示等工程。

第二，突出精准高效，服务群众文化需求。推动公共文化设施由"全面覆盖"向"高效使用"提升，着力推进建设和提升一批重点文化设施，继续创建一批在全省全国领先的特色公共文化空间，用好省市公共文化场馆的数字资源，推动基层公共文化资源结构性重塑；推动公共文化服务由"普惠均衡"向"优质精准"提升，参与建设好"公共文化云"平台，建立群众文化需求反馈机制，探索多元化、社会化、城乡一体化供给新模式，促进公共文化供需精准对接，确保文化供给高质高效、群众满意。2018年，扬州市的文化服务的整体水平不断提升，硬件设施建设加快推进，新建成10家城市书房、7家博物馆、337个村（社区）综合文化服务中心，提升5家博物馆，新设立5家图书馆"一卡通"分馆，全市7个县级以上公共图书馆全部达到国家一级图书馆标准。新增全国示范农家书屋1家，新大剧院建设进展顺利。同时，我市软件配套水平持续优化，印发了《关于推进现代公共文化服务体系建设的实施意见》，推广普及"江苏公共文化云"平台，成为全省首个实现公共文化机构全覆盖的地级市；"四位一体"公共图书馆服务体系示范项目顺利通过文化部验收评审，市图书馆城市书房项目（活动）入选首批"江苏省共享阅读空间认证扶持项目品牌名单"，市少儿图书馆获评"全国家庭亲子阅读示范基地"。我市广泛开展动态文化活动，组织公益性文化活动470场、文博展览60多场，免费开展曲艺书场演出898场，播放公益电影10940场。

第三，激活内生动力，文化创作生产活跃繁荣。2018年，扬州文艺创作强调出精出新，实施文艺精品"大定制"三年行动计划，设立文艺精品创作和展演展示专项扶持基金，策划举办"优秀文艺作品演出季"。我市突出围绕重要节点统筹规划各类题材创作，努力创作推出一批讴歌党、讴歌祖国、讴歌人民、讴歌英雄的精品力作；大力提升文艺原创能力，坚持"以剧兴团"理念，实施重大现实题材"一团一精品"，筹建扬州文学艺术创作研究院；努力打造品牌文艺活动，把扬州打造成为戏曲名城、诗词文学名城。加强对文学、剧本、作曲等基础性环节的扶持和项目孵化，推动文艺与新技术、新业态、新模式、新媒体有机融合。木偶剧《神奇的宝盒》等4个项目入选国家艺术基金创作资助项目，14个项目获江苏艺术基金资助；5种图书入选2018年度国家出版基金项目、国家"十三五"规划增补项目、2018年度省新闻出版发展专项资金资助项目。我市精品生产佳作不断，中篇扬州评话《玉山子传奇》获第十届中国曲艺牡丹奖节目奖，青春版扬剧《百岁挂帅》获江苏紫金文化艺术节特别奖，电影《进京城》斩获首届上合组织国家电影节最佳影片奖、第21届上海国际电影节五项大奖，扬剧电影《衣冠风流》成功上映。我市在人才培养方面也收获颇丰，陈韵强、薛春梅入选中宣部"四个一批"人才，傅荣贤、罗小凤、曾国源入选江苏省"双创"人才，胡俭、许丽丽、石翔入选省委宣传部"四名人才"。

3 | 文化产业创新发展情况

第一，聚焦质量与效益，推进文化产业可持续发展。2018 年，扬州延续文化产业良好的发展态势，重大项目加快推进：蜀冈—瘦西湖景区总投资 150 亿元的华侨城文化旅游综合项目、江都总投资 100 亿元的光线传媒扬州影视产业基地项目相继落户，邗江总投资 30 亿元的天山海世界文旅特色小镇一期项目开工建设；在深圳举行 2018 扬州（深圳）文化产业推介恳谈会，8 个项目现场签约。另一方面，产业载体扩容提质，总投资 57.73 亿元的湾头玉器特色小镇启动一期项目建设；扬州琴筝文化产业园已招引琴筝企业约 40 家，一期项目正式开街；邗江壹點文创园定位"文创+生活"街区，已入驻项目及企业近 30 家，预计全年园区总营收达 3000 万元以上。我市产业平台初步建立，以成功举办 2018 中国（扬州）大运河文化旅游博览会为抓手，打造文旅会展平台；以举办 2018 玩具礼品创意设计大赛、非遗生活化设计大赛和海峡两岸青年文创大赛三大文创赛事为抓手，打造文创孵化转化平台，推动更多优秀设计作品落地投产、走进市场。

第二，优化产业结构，培育新兴文化业态。扬州在发展传统文化产业的基础上，大力发展影视、出版、文化创意等产业，加快发展数字内容产业，提升各级文化产业示范园区（基地）建设水平，积极培育新型文化业态，推动县域特色文化产业发展，推动毛绒玩具等经典产业转型升级；大力推进文化与旅游深度融合，设立江苏省大运河（扬州）文化旅游发展基金，构建"一城一路一河四大组团"旅游发展新格局；大力推进文化与体育、科技、金融等融合发展，培育"文化+"新业态；加强平台项目建设，加快推进光线（扬州）中国电影世界、华侨文旅城、琴筝文化产业园等重点项目建设，扶持发展一批文创特色小镇。

第三，重视对外文化交流，传播文化名城形象。激活传统基因，进一步推动扬州木偶、剪纸、玉雕、漆器等代表性交流项目"走出去"，借助世界园博会推进扬州园林更多更广地走向世界，打响淮扬菜系品牌，打造"世界美食之都"；着眼当代实践，充分展示"强富美高"新扬州建设的生动实践，把反映扬州人民奋斗圆梦的文艺精品、文化成果推介到海外；突出贸易交流，放大扬州文化影响，带动文化企业、文艺院团等参加外重要艺术节、展览会，推动扬州文化企业和文化产品"走出去""卖出去"。

4 未来改革发展目标

"十三五"期间，扬州市文化产业已经呈现以文化创意业、新闻出版业、影视制作业、演艺娱乐业、文化旅游业、文博会展业、工艺美术业和文体器材业等八大产业为主的文化产业格局。在产业集聚效能上需要尽快形成具有产业集中集约集聚效应的文化产业空间格局，文化产业园区建设和文化科技公司的培育方面还有较大的提升空间。文化产业的社会投融资体制亟需优化，尤其需要民营资本对文化产业发展注入新的活力，此外，地方传统文化产品的出口贸易市场份额也应该通过努力不断扩大，并形成新的竞争优势。

2019年是决胜高水平全面建成小康社会的关键之年。扬州市将加快文旅融合，深入推进"国际文化旅游名城"建设，计划新建10个城市书房，加快建设大剧院、广陵公共文化中心，组建县级融媒体中心，加快建设华侨城、江都光线中国电影世界等标志性文化旅游项目，同时启动建设中国大运河博物馆。扬州市要坚持新发展理念，坚持推动高质量发展，坚持以供给侧结构性改革为主线，着力建设"三个名城"，推动"强富美高"新扬州建设取得新成效，为高水平全面建成小康社会打下决定性基础。

（资料提供单位：扬州市委宣传部文化改革领导小组办公室）

镇江市文化改革发展报告

镇江市按照文化高质量走在前列的要求，根据文化体制改革的"时间表"和"路线图"，扎实稳步推进文化改革发展，进一步释放发展红利，促进文化繁荣。

1 | 体制机制创新

「1」实施文艺精品创新机制

一是全面创新优秀作品。我市制定《2018年度镇江市重点文艺创作项目推进计划》；创作民族音乐剧《九九艳阳天》、图书《中国精神：图说中国共产党的百年奋斗》等重大题材作品，推出48集电视剧《生活就是家》、纪录片《记忆句容》、儿童剧《少年英雄》、纪实文学《四十年四十人：镇江改革开放的历史时空》、报告文学《大医许祥生》、长篇小说《风雪将至》等一批重点作品，创排新编现代扬剧《茶山女人》，出版《新时代镇江扬剧集萃》。

二是积极争取评奖评优。图书《中国价值：图说社会主义核心价值观的根与源》（韩文）入选国家新闻出版署2018年"经典中国国际出版工程"；微电影《我们的家》被国家广播电视总局确定为"弘扬社会主义核心价值观·共筑中国梦"主题原创网络视听节目征集推选和展播活动优秀节目，并在CCTV央视网播出；《爱在运河边》《镇江往事》获首届运河主题国际微电影展最佳剧情片、最佳男演员、最佳导演等3项大奖，《爱在运河边》另获第六届亚洲微电影艺术节金海棠奖·最佳作品奖；舞剧《春江花月夜·赛珍珠》获第28届上海白玉兰戏剧表演艺术奖集体奖，《乡愁·镇江卷》获第八届冰心散文奖·优秀奖，《凰权》获首届泛华文网络文学"金键盘"奖（优秀影视改编类）；电视动画片《茅山小道士》获江苏省新闻出版广电政府奖·动画奖；扬剧《红船》（龚莉莉）获2018紫金文化艺术节优秀表演奖，扬剧《花旦当家》参加"一带一路"江苏省优秀剧目汇演、《完节堂1937》参加2018扬剧联盟精品展开幕式演出；民乐合奏《西津寻渡》等6部作品获第十三届江苏省"五星工程奖"。

「2」创新文化传承模式

一是系统整理研究历史文化资源。参与江苏文脉整理研究工程，组织编撰《江苏文化史·镇江卷》，承担完成《大运河文化带建设的江苏路径研究》《茅山历代山、泉、宫观等景观调查应用的研究》课题；有序推进地方史料丛刊《镇江文库》的编辑整理工作，编著出版《镇江水文化笔谈》丛书，开展《镇江市古籍保护办法》颁行图文、汉字文化等展示活动。

二是切实实施文物保护工程。镇江市文物局荣获全国文物系统先进集体，制定出台《镇江市区域评估文物保护评价实施办法（试行）》，开展大运河文化带遗产调查复核工作，指导编制江苏电力历史博物馆（郭礼征旧居）等6项工程方案；推进旧址修缮工程、玉山大码头遗址历代江岸部分保护工程等13个项目；积极争取项目经费，共争取国家重点文物保护专项资金937万元，省级文物保护专项补助经费440万元。

三是系统执行非遗传承保护。我市启动国家级代表性传承人抢救性记录工作，开展第四批市级非遗传承人申报、省级非遗名录中长期保护规划编制、2018年度传承人评估工作；贯彻落实《镇江市非物质文化遗产项目代表性传承人条例》，出台《镇江市非物质文化遗产代表性传承人考核评估办法》，非遗立法工作获评全省首批优秀法治实事项目；举办"三城荟萃 山韵清新——第四届民俗文化周"系列活动，组织封缸酒传统酿造技艺等5个项目参加2018年"文化和自然遗产日"江苏省主场活动；组织秦淮灯彩等3个项目参加第五届中国非物质文化遗产博览会。

「3」改革公共文化服务体系

一是积极推动文化立法。牵头起草《镇江市公共文化服务保障办法（草案）》，10月10日，《镇江市公共文化服务保障办法》通过市政府常务会议，2019年1月1日生效实施。

二是创建公共文化服务体系示范区。镇江作为第四批国家公共文化服务体系示范区创建单位，示范区创建写入市政府工作报告和市委全委会报告；制定《镇江市创建公共文化服务体系示范区建设规划（2018—2020年）》《镇江市创建国家公共文化服务体系示范区实施方案（2018—2020年）》；推进公共文化服务地方标准化建设，编制《村（社区）综合性文化服务中心服务规范》已通过省级地方标准专家论证，文化广场管理服务标准化国家试点通过中期督查。

三是强化基层公共文化服务场馆建设。全面推进图书馆文化馆总分馆制建设，全市建成图书馆分馆539个，文化馆分馆58个，镇（街道）文化站图书馆分馆、文化馆分馆建成率分别达到100%和96%；落实《镇江市"十三五"时期基层基本公共文化服务功能配置（2018—2020）》，今年完成建设省级村（社区）基层综合文化服务中心277个，农村文化礼堂236个。实施文化广场提升工程，完成30个镇（街道）和37个村（社区）文化广场提升任务，新建小微型文化广场367个；实施茅山革命老区经济薄弱村综合文化服务中心强基工程，统筹宣传、文化、广电、新闻出版资源和力量，指导帮扶茅山革命老区剩余 33 个经济薄弱村，加强和完善村综合文化服务中心、文化礼堂、文化广场等功能设施建设，提升经济薄弱村公共文化服务效能，到 2020 年实现茅山革命老区经济薄弱村全覆盖。

2 文化事业成果

一是文化活动丰富多彩。举行"美好新时代·幸福镇江人"镇江市庆祝改革开放 40 周年文艺演出暨 2018 紫金文化艺术节广场大型群众性文化活动。承办江苏省戏曲现代戏第六届年会。举办"全国第二届大字书法艺术展"、"唱响中国梦·讴歌新时代"第二届镇江金山合唱节、"我们的中国梦"——文化进万家活动、第二届文学艺术节等公益活动。

二是全民艺术普及深入开展。面向全市征集全民艺术普及项目 212 项，开展艺术普及活动 528 场次；联合市教育局开展全民艺术普及进校园活动 14 期；联合市级机关工委开展全民艺术普及进机关 2 期；联合市总工会开展全民艺术普及进企业 53 期；打造"全民艺术普及 精彩与你同行"活动品牌，开展全民艺术普及考核评估制度设计调研，编制全民艺术普及指标体系；开展 2018 年度全民艺术普及示范基地、优秀项目评比工作。

三是文化服务机制更加健全。推广"文化镇江云"数字公共文化服务平台，全年发布活动预告 687 场，入驻团队 166 支，艺术培训 67 场；组织实施镇江市"乡村文艺提升"志愿服务三年（2018—2020）行动计划，建立"结对子、种文化"精准机制，发布乡村文艺团队专业提升、"三农"题材重点文学创作、乡村小学"同一课堂"文艺支教等 6 大项文艺志愿服务行动项目，组织 11 支市文艺协会团队奔赴乡村一线开展志愿精准服务。

四是保障力度全面加强。文化事业发展资金明显增加，争取博物馆改造经费 4000 万元，民间文化艺术馆迁建经费 1000 万元；争取国家和省级公共文化服务专项经费 1380 万元，其中省级以上免费开放专项经费 1220 万元。文化人才培养明显增强，新增加 1 人被评为"江苏省有突出贡献的中青年专家"，1 人被评为省"333 工程"培养对象，3 人被评为市 169 科技骨干。

3 文化产业成果

一是助推文化企业做大做强。我市推动睿泰数字产业园建设，累计注册、入驻企业 356 家，其中产业链相关企业 276 家，镇江睿泰科技的提升全媒体人才职业能力的 SaaS 化学习平台建设及推广等 3 个项目，获得省新闻出版广电专项资金扶持，睿泰数字产业园服务平台项目入选国家新闻出版署改革发展项目库；镇江市发挥"镇文贷"平台作用，推动银企对接，累计推荐融资需求企业 3 家，已通过银行内部审批 2 家；做好 2018 长江国际音乐节协调服务工作，"五一"两天共吸引近 10 万名乐迷参加，进一步扩大了长江音乐节国际国内影响力；"中国网络文学泛娱乐产业孵化基地""江苏网络作家村"落户镇江，网络大电影《双世白蛇》在线播放突破 1500 万人次，镇江网络作家"天下归元"小说《扶摇皇后》改编的电视剧《扶摇》上线收视率近 19 亿人次。

二是产业服务平台不断丰富。深入推进镇江博物馆、镇江市图书馆、茅山新四军纪念馆等场馆开发文创产品，茅山新四军纪念馆"小兵驿站"入选文化部红色文创产品展；举办镇江市第四届文化创意设计大赛，组织金霓影视服饰道具工艺厂、方美珑乱针绣等文创企业参加第七届中国国际版权博览会、深圳文博会、义乌文博会等重大展会活动；组织 5 家企业参加首届长三角文博会并举行招商推介会，7 个项目进行了现场发布，6 个项目现场签约，投资额达到 28 亿元。

三是文化旅游不断融合。积极推进镇江文化旅游口袋书的编撰，推荐茅山湖康养风情小镇、长江渔文化风情小镇、宝华镇千华古村等文化特色鲜明的乡镇参评省级文化旅游名镇创建；开展江苏省文化科研课题研究，撰写《镇江特色小镇创建中的文化功能建设研究》；推荐恒顺醋博物馆、宝华山千华古村、丹阳眼镜小镇、魔幻海洋世界4个项目申报文化和旅游部文化旅游精品项目；遴选醋文化博物馆、米芾书法公园等有代表性的项目参与省"文化旅游融合看江苏"主题报道活动。

4 未来发展方向

「1」强化"文化+"的整合力

继续以"文化+"推动文化事业与文化产业融合发展，努力建构科学先进的文化事业和产业发展体系。一是以文化科技融合提升创新力，打造新兴文化创意与设计服务业和数字创意产业，重点培育龙头和领军企业，大力扶持"专精特新"型中小文化科技企业。二是发挥"文化+"在沿江创意城市和文化强市建设中的作用，打造镇江特色文化业态。深入发掘镇江运河历史文化资源，努力打造江河交汇的镇江特色运河历史文化带和沿江文化旅游带品牌，打造镇江"江、岛、山、林"一体的文化休闲都市特色。

「2」优化区域布局

对接"宁镇扬"一体化发展，围绕镇江"一中心四区"发展战略，中心城区定位于文化行政与服务中心、新兴文化业态集聚中心和文化旅游带的中转枢纽；东部地区镇江新区、扬中定位为文化产业融合发展和跨江发展的增长极；西部片区以句容撬动南京教育资源，打造文创硅谷，发展文化产业总部经济；东南片区以丹阳及丹徒南部乡镇为重点，承接苏南经济辐射。

「3」打造镇江特色文化品牌

一是大力塑造镇江的文化产品品牌。推进传统文化的品牌化、产业化发展，挖掘"镇江老字号"和传统工艺。二是着力打造具有产业辐射力和集聚力的文化服务项目品牌。三是努力培育镇江重点文化产业的领军企业和骨干企业，形成镇江文化企业品牌。四是重点扶持打造特色鲜明、集聚力强、影响力大的文化园区品牌。

「4」加大共性技术平台建设

加强共性技术平台建设，促进文化与科技的融合；加强文创设计与文化资源开发平台建设，促进文化资源开发和文化资源产业转化；建设文化金融公共服务平台，支撑文化产业快速发展；建设文化人才公共服务平台，完善人才政策。

（资料提供单位：镇江市委宣传部文化改革领导小组办公室）

泰州市文化改革发展报告

苏中门户泰州自古有"水陆要津,咽喉据郡"之称,是长三角中心城市之一,也是上海都市圈、南京都市圈、苏锡常都市圈重要节点城市,国家历史文化名城,中国优秀旅游城市。2018年,泰州市围绕体制革新、机制创新重点,坚持突出问题导向、目标导向、发展导向,聚力攻坚克难,锐意开拓创新,在新的起点上,不断推动文化改革发展。

1 │ 文化体制机制创新发展情况

「1」强化规划引领,开展古盐运河文化带建设

泰州市委、市政府成立大运河文化带建设工作领导小组,下设综合协调、文化旅游、水利环境和项目建设4个专项工作组,制定下发大运河文化带建设工作领导小组及办公室工作规则,明确大运河文化带建设工作领导小组及办公室的机构设置、主要职责、会议制度、报告与信息制度、督查考核制度、专项工作组制度、专家咨询制度等,进一步厘清职责,明确分工,构建重点任务统筹推进的工作格局。市委、市政府召开大运河文化带建设工作领导小组全体人员会议和专项工作组全体人员会议,专题部署推进泰州市老通扬运河(古盐运河)文化带建设工作,并召开古盐运河与大运河文化带建设

学术研讨会，国内运河文化知名专家学者齐聚泰州，为古盐运河文化带建设出谋划策、凝聚智慧。在开展专题调研和召开专项工作组全体人员会议的基础上，我市制定《泰州市古盐运河文化带建设三年行动计划》，进一步明确工作思路，统筹谋划，创新推进，务求实效，着力在保护上有"泰州标识"、在传承上有"泰州记忆"、在利用上有"泰州思路"。我市还制定下发《泰州市古盐运河文化带建设近期重点工作细化分工安排》，组织开展古盐运河文化带区域文化遗产专项调查、凤城河提升、运河塘湾集镇段整治、沿河村庄环境整治、天目山石刻文化中心项目规划设计等18项重点工作。

「2」创新舆论工作机制

以"泰州发布"为龙头，我市建设全市政务微信矩阵，80余家政务微信号入驻，实现官微互通和用户共享，打造宣传泰州、助推发展、服务群众的政务微信主阵地；建立全媒体网络问政平台"泰州问政"，将问政平台拓展至全市主要网站论坛、微信公众号、移动客户端，并与传统媒体相衔接，目前，全市108家部门（单位）新闻发言人，泰州日报社、泰州广电台热线记者入驻平台；联合第三方评价机构推出泰州市微信公众号排行榜，对属地"政务类""媒体类""自媒体类""社会服务类"四大类微信公众号进行分类排行，定期发布榜单、出具阅评报告，全市近500家微信公众号进入排行序列，通过排行榜的评价机制和价值导向作用，引导全市微信公号提高质量水平，推动良性竞争，促进整体健康发展。

「3」形成全媒联动格局

以打造有影响有位置的新兴主流媒体为目标，大力推进"泰州发布""微泰州""泰州微视听"微信公众号和"我的泰州"APP等"三微一端"主流新媒体阵地建设，形成矩阵效应和集群优势。"我的泰州"目前用户数达169万，"微泰州"活跃粉丝突破70万，据全国最权威的第三方新媒体价值评估机构"清博指数"和"新榜"统计，2017年以来，"微泰州"整体排名稳居江苏所有微信公众号第一、中国地级市报纸榜单第一，影响力超过全国99.89%的微信公众号。"泰州发布"拥有38万多活跃粉丝，荣获2017年江苏党政新闻新媒体权威发布奖。"泰州微视听"粉丝数36万多，利用主持人资源推出"音视频+图文"特色内容，影响力明显提升。

在重大宣传活动中，全市统筹传统媒体和新媒体资源，广泛运用在线直播、H5、微视频、FLASH、VR等新技术进行内容生产，不断探索线上线下联动宣传、梯度发布模式，拓展宣传角度，丰富呈现方式，有效提升了正面报道的传播效果。我市先后开展庆祝改革开放40周年"40年40人"大型新闻行动，推出《时代新发现·泰州故事》大型融媒体产品，充分展示泰州改革开放40年的巨大变化和显著成就，全国数十个媒体平台及众多自媒体广泛传播，浏览量突破1000万，成为宣传推介泰州的现象级融媒产品。

2 公共文化建设与服务创新发展情况

「1」加强基层公共文化服务设施建设，规实施"文化惠民券"工程

按照公共文化服务标准化、均等化要求，加强业务指导和督促检查，推动各市（区）强化资金保障、落实工作措施，全市已建成基层综合性文化服务中心1300余家，建成率近80%。推进全民阅读共享设施建设，加强市区100多个"漂流书屋"网点的维护管理，评选推出一批泰州"最美城市书房"，丰富书香泰州建设内涵，引领全民阅读新风尚；制定下发《关于进一步加强文化惠民券工程管理的补充规定》《泰州市文化惠民券点单演出规范》，召开文化惠民券演出团队业务工作培训班，强化属地管理、演出质量有效提升、进一步督查考核，不断完善惠民券"以券激励、群众点单、基层比

选、政府资助、全程监督"的模式。全年共发放"文化惠民券"1000万元，实现点单演出1300余场，惠及群众30多万人次。

「2」深入开展群众文化活动

进一步完善公共文化供给机制，精心组织惠民演出、公益培训、艺术鉴赏、文化普及、全民阅读等系列活动，全面唱响"文化百场"，文化活动的惠民精准性和群众参与度不断提高；在元旦、春节、五一、端午等节日期间，组织"我们的中国梦"文化进万家活动等200多项遍布城乡的群众文化活动，营造祥和的节日氛围；常态化开展"种文化"活动，通过长年免费培训基层文艺骨干，带动更多群众参与文化活动，提供优质文化服务；广开渠道，吸纳社会资本支持文博收藏事业，通过为吴为山等知名泰州籍艺术家建设专馆、专展、专柜等形式，增加公益文博机构的馆藏量；加强文艺精品创作生产，召开全市精神文明建设"五个一工程"推进会，制定下发《2018—2019年度泰州市文艺精品创作规划》；扶持一批文艺精品力作，完成纪录电影《单声》、广播剧《逆向英雄》、纪录片《一个外国人的跨国寻根》等文艺作品，加快推动报告文学《扬子江药业》《中国医药城》、电视剧《觉醒》、纪录片《竹鸿港》、戏剧《徐勤生》、锡剧《召唤》等文艺精品创作生产；打造一批群众文艺精品，小品《幸福的红丝带》、歌曲《中国狂草》、表演唱《远去的吆喝声》等7部作品获得第十三届江苏省五星工程奖；繁荣书画艺术发展，举办"祥泰之州"——泰州书画作品赴省美术馆展览活动以及"市（区）书画精品走进泰州美术馆"主题展，推出一批书画精品力作。

「3」打造特色文化品牌

举办"2018中国泰州梅兰芳艺术节暨大运河文化周"，紧扣"梅派"元素，融入运河文化，组织开展11项重大活动；举办第六届全国里下河文学流派研讨会,公布里下河文学版图,推出"里下河文学流派作家·星书系"项目;举办"小戏迷"——"梅兰芳华"少儿京剧大赛,立足江苏,面向全国包括港澳台地区,吸引海内外少儿选手参赛,分为"梅兰芳华·e路绽放"网络赛和"梅兰芳华·声动梅乡"现场赛两个阶段,部分获奖节目和选手登陆央视;举办"庆祝改革开放40周年·凤城之声"合唱节,以"唱响中国梦·放歌新时代"为主题,以庆祝改革开放40周年为主旨,分少年组、成人A组、成人B组3个组别进行比赛,进一步推动我市合唱水平提升,促进泰州合唱事业发展。

「4」推动文联深化体制改革工作

制定出台《泰州市文联深化体制改革方案》,增强文联领导机构的代表性和广泛性,增加基层文艺组织、新文艺组织、新文艺群体和体制外文艺工作者比重;健全和完善文联组织架构,建立行业服务与分级、分层服务相结合的工作模式,加强文艺家协会专业委员会的建设;加强文艺家协会规范化建设,新成立了中国画学会,完成泰州市作协、市音协、陈德林淮剧流派艺术研究会换届改选工作。

3 | 文化产业改革发展情况

「1」构建"1133"的总体布局

按照"合理布局、形成特色、错位发展"思路,深入推进"1133"工程建设,召开全市文化产业"1133"工程重点园区、街区会议,实施文化产业"1133"工程动态监测,开展市(区)文化产业专项督查。

「2」推动特色文化产业发展

举行第二届吉祥文化创意设计大赛,以"吉祥创造价值、创意改变生活"为主题,分文创产品创意设计、公益传播设计、建筑及环境设计3个类别,举办大赛优秀作品展及创意集市、高校创意联展，推动吉祥文化产业突破发展；举办第二届泰州非遗博览会，以"让非遗走进生活"为目标，以"溯源——传承——创新"为主线，搭注重突出展示项目的叙事性、观赏性和互动性，搭建非物质文化遗产保护传承和产业化发展新平台。

「3」培育一批本土文创电商

推动文化产业与"互联网+"的深度融合。组织引导乐器加工、壁纸生产、油墨制造等具有较强竞争力的骨干企业，以及植根于地域文化的藤艺编织、木船工艺等特色"非遗"项目单位，依靠互联网平台，文创产品电商经营，实现线上线下品牌共享、销售互通，延伸拓展产业链条；积极打造"创富泰州"系列赛事品牌，先后举办创业富民大赛等创业赛事活动；全市名特优产品电商销售大赛展洽会现场销售900万元、签约销售合同7600多单，大赛前3个月线上销售额突破5.8亿元。

4 | 未来发展目标

2019—2020年，泰州市将紧紧围绕长江经济带高质量发展、项目大提升、开放型经济高质量发展、向环境污染宣战和整治农村人居环境推进美丽乡村建设五个"三年行动计划"推进工作，抢抓机遇，在文化改革创新领域大胆作为。在文化事业方面，继续加大文化公共设施的投入建设力度，提高文化惠民效能；在文化产业改革发展方面，加快集群发展，扶持文化产业园区和重点文化企业。尤其需要通过文化产业发展专项引导资金对重点文化企业进行资助，培育地方特色文化产业集群。此外，还需要培育新兴产业业态，顺应"互联网+"发展趋势，积极发展基于网络的文化产品，推动文化生产方式、服务方式和消费形式创新，积极促进文化产业与旅游业、农业、体育等行业融合发展，提升文化产业发展综合效益。

（资料提供单位：泰州市委宣传部文化改革领导小组办公室）

宿迁市文化改革发展报告

宿迁是江苏省最年轻的地级市，北倚骆马湖，南临洪泽湖，京杭大运河穿境而过，属淮海经济带、沿海经济带、沿江经济带的交叉辐射区，总面积8555平方公里，总人口591.6万。宿迁历史悠久，人文荟萃，素有"华夏文明之脉、淮河文明之源、楚汉文化之魂"之称。2018年，宿迁市按照文化建设发展高质量的总体要求，在文化事业发展、文艺精品创作、文化产业发展、文化惠民活动等方面积极谋划创新发展，全市文化工作跃上新的台阶。

1 强化制度建设，转变发展思路，扎实推进文化领域改革

2018年，宿迁市高度重视文化体制改革工作，认真贯彻落实中央、省委的相关部署要求，认真完成"规定动作"：一是推进市级网信机构改革，5月14日市委办正式印发了宿迁市委网信办"三定"方案，明确规定市委网信办主要职责、内设机构、人员编制等事项，各项工作已常态化开展；二是推进文化市场综合执法改革，在做好市文化市场综合执法改革情况调研、实施意见起草修改等工作基础上，6月15日市机构编制委员会印发了《宿迁市文化市场综合执法支队主要职责内设机构和人员编制规定》，8月份，完成市区人员划转工

作，形成同城一支队伍，文化市场综合执法改革工作全面完成；三是推进文联机构改革，按照省文联系统深化改革工作统一部署，通过到基层实地走访调研、召开座谈会、起草和修改完善改革方案等举措，加大文联改革推进力度，9月11日市委全面深化改革领导小组会议审议通过了方案，印发《宿迁市文联深化改革方案》，目前已根据方案内容分类实施。

2018年，宿迁市文化改革的机制创新集中表现在三项"自选动作"的实施。

「1」探索实施文化供给的群众评价反馈机制

为推动文化惠民与群众文化需求实现精准有效对接，满足人民群众日益增长对美好生活需要，在精品舞台艺术惠民演出工作中，探索实施"自下而上、以需定供"的互动式、菜单式、订单式服务模式，把文化大餐的"菜单"交由群众"点单"，改变以往文化供给"直接打包"、群众被动接受状况。2018年，宿迁利用春节前后农闲时节，组织全市各地开展书法名家写春联、看灯展猜灯谜、各类传统庙会、地方民俗表演、书画展览等25类民俗特色活动1000余场，真正实现了文化活动惠及千家万户。在广泛征求各方意见和专题调研的基础上出台精品舞台艺术惠民演出相关操作办法，并在2018年"艺术之夏""艺术之秋"演出季中进行试点。为提高演出效果，在实施过程中，还创新引入"线上线下"评价机制，针对每场演出均组织专家观演并通过指定的网络渠道对演出效果进行"线上"文字点评，同时组织现场观众对演出效果进行"线下"亮分评价，评价结果作为改进文化服务参考依据。目前，观众对演出的31部精品舞台剧目进行了客观的评价，满意率达98%，较好地促进了文化服务活动效果和组织化水平的提升。

「2」以"赛"代"演"，提升基层文化活动质量

宿迁市立足彰显宿迁地域文化特色、丰富群众文化

生活宗旨，创新采用"4+1"模式组织开展了"美好新时代·筑梦新征程"群众文化广场活动。该活动先期组织 4 场专题性比赛演出，部分获奖和优秀节目进入最后 1 场综合展演，作为省"紫金文化艺术节"群文广场活动组成部分，并参加全省统一评比。以"赛"代"演"的创新机制得到了全市广大文艺工作者和人民群众的积极参与和支持，既推动了每个参赛节目和参赛作品精心构思、精心创作、精心打磨，促进了我市群众文艺水平的提升，也提高了群众文化活动的整体观赏性和群众参与度，取得了良好的社会反响。

「3」打造《宿迁文明 20 条》2.0 版

《宿迁文明 20 条》实施以来受到社会广泛关注。为进一步提升"宿迁文明"质效，今年以来，宿迁站在建设更高品质人民满意文明城市的高度，对《宿迁文明 20 条》进行修订、完善和提升，制定出台了《宿迁文明 20 条》2.0 版。具体做法是：立足"三个不变"，继承鲜明特质。来自民间、彰显民意的特点保持不变，着眼细微、注重细节的特点保持不变，浅显易懂、可感性强的特点保持不变。实现"两年提升"，赋予新的内涵。此次修订，共吸引 27.8 万人次参与，征集意见建议 4.53 万条，分别比原 20 条增加了 10.7 倍、4.5 倍，市民的参与度有了新提升；此外，修订涵盖的内容由个体行为拓展到人际交往、由现实生活延伸到网络空间、由行为文明上升到精神追求，体现了人民对美好生活的向往，文明的内涵有了新提升。全市开展"四大行动"，推动自觉践行。通过文明倡导、文明劝导、文明规范、文明实践 4 个行动，常态开展，共有 32 万人次市民自觉参与践行活动。

2 | 精心谋划，统筹指导，推进文艺精品创作迈向新繁荣

「1」加强文艺作品创作规划，建立宿迁市重点文艺精品创作规划库

我市按照"规划储备一批、创作打磨一批、宣传推介一批"工作思路，经过认真遴选，有83部作品列入全市重点文艺精品创作规划库，其中有23部作品被列为冲刺"五个一工程"奖重点作品，主要包括戏剧4部、电影2部、纪录片2部、广播剧3部、歌曲6首、图书6部。同时，确定市级重点作品60部，其中戏剧8部、电影1部、纪录片5部、广播剧6部、歌曲14首、图书26部，通过召开全市文艺精品创作生产推进会、定期通报工作进展情况等督促、激励措施，为有目标、有步骤地推进文艺作品创作生产指明了方向，加快作品创作落地。目前，列入宿迁市重点文艺精品创作规划库作品有序推进，23部重点文艺精品已基本完成创作。

「2」完善奖励激励机制，支持文艺精品创作

我市按照《关于印发<宿迁市文艺精品扶持奖励资金管理办法（修订）>的通知》（宿宣发〔2016〕15号）文件要求，组织开展2017年度文艺精品项目申报工作，经过县区（主管部门）初审、专家评审等程序，共有118个文艺精品项目符合资金支持条件，发放精品扶持奖励资金563.8万元，有效促进了全市重点文艺精品创作生产。

「3」强化精品意识，精品剧目评选取得新突破

2018年5月，经过广泛征集，认真筛选，宿迁市向省委宣传部报送新创剧目2个、精品剧目1个。《胖婶当官》入选新创剧目，《古城拉魂》入选精品剧目，入选数量居苏北第二，实现新的突破。两个剧目在10月份省"紫金文化艺术节"期间成功上演，受到观众和评委的一致好评，并获得了省35万元资金奖励扶持。

3 | 强化抓手，创新推进文化产业健康发展

「1」实施文化产业"百企升级"计划，提升宿迁文化产业发展水平

2017年底，国家统计局发布了文化产业统计新标准，由于文化产业统计口径发生变化。在这一大背景下，宿迁市自加压力，排定年度提档升级计划企业任务数94家，其中培育主营业务收入升级到30亿元以上企业1家、升级到1至10亿元企业23家、升级到亿元以上企业14家、升级到5000万元以上企业34家、升级到3000万元以上企业22家。通过不定期开展督查，帮助企业解决实际问题，有序推进文化产业发展。

「2」积极推动文化企业参加高规格展会，展示文化产业发展成果

为帮助全市文化企业开拓市场，加快走出去步伐，我市积极组织实施优秀文化企业参展工作，促进文化企业与科技融合、与外界接轨。2018年10—11月份，我市抓住省里统一组织的文化企业展销活动密集期，经过前期深入摸排，广泛动员，精心筛选，先后组织了15家具有宿迁文化特色和行业领军企业分别参加第十届南京融交会、首届长三角文博会，展出各类木质拼接玩具、手工皮雕皮具、AR智能产品、智能机器人、综合型影视动漫、纳米复合材料等产品近1000件，充分展示了文化产业发展成果，增强了企业发展信心。

「3」加大政府扶持力度，引导文化产业可持续发展

我市按照《宿迁市市级文化产业引导资金管理办法》要求，认真组织文化产业资金项目申报评审工作，在市纪委第六纪检监察组的监督下，严格评审程序，规范操作。在前期各地申报、初审基础上，创新引入第三方会计事务所，联合财政、审计等业务部门，对申报的33个文化产业项目进行实地走访，逐项核查，最终确定了

18个项目进入最后专家评审环节。为保证公平公正，宿迁市明确10条纪律和评审要求。目前，已为18个项目发放了358.5万元引导资金，有力地促进了文化产业项目的健康发展。

4 未来发展目标

2019年，宿迁将继续把加快文化产业发展摆在更加突出位置，加大对文化产业的扶持力度，推动文化产业又好又快发展。通过依托现有资源，走特色之路，在历史文化遗存和自然资源禀赋中寻脉络，在产业发展苗头和趋势中找素材，在大众消费服务需求中做文章。我市将盘活民族民间文化、戏曲曲艺资源，培育富于竞争力的宿迁文化品牌，彰显宿迁地域文化形象，进一步提升宿迁市文化产品层次，升级改造文化消费设施，创新文化产品和服务，开发与文化相结合的旅游、休闲等服务性消费设施和活动，培育新的文化消费热点，为创建强富美高新江苏贡献宿迁智慧和宿迁力量。

（资料提供单位：宿迁市委宣传部文化改革领导小组办公室）

肆

文化政策篇

2000年以来,江苏省共颁布施行各类文化政策共计298条,其中省级层面文化政策93条,市区级层面文化政策205条。其政策重点涉及到文化体制改革、产业融合、金融财税政策、文化市场管理、行业规范、文化遗产保护、公共文化服务等众多领域。

江苏省文化政策发布情况

从时间维度看,2000—2018年间江苏省文化政策颁布呈现"双峰"型态势,其中2006年、2016—2017年两个时间阶段颁布的文化政策数量较多。这是由于一方面,2006年国家颁布了《国家"十一五"时期文化发展规划纲要》,这是新中国成立以来我国文化领域第一个阶段性的国家发展规划纲领,是我国第一个专门部署文化建设的中长期规划。这部国家新的阶段性文化工作指南从政策到措施,从宏观到微观,对关系人民群众精神文化生活的各个方面做出了创新性的安排,带动江苏省各级地方政府大力建设文化强省的热潮。

另一方面,"十三五"规划指出,2020年文化产业将成为国民经济支柱性产业,从"推动"到"实现"这一表述的转变印证了"文化产业成为国民经济支柱性产业"的目标将在"十三五"期间实现从"进行时"到"完成时"的转变。文化产业的重要性已上升到国家战略层面,这将文化产业发展推向了新的高度。因此在2016—2017年,江苏省各级地方政府颁布细化的文化政策再次达到一个高峰。

· 图 1 2000—2018 年江苏省每年新增文化政策文本数量

分政策制定层级看，在省级层面，2000—2018 年江苏省共颁布文化政策数 93 条，时间主要集中在 2006 年和 2016 年，政策内容主要以行业规范、知识产权、文物遗产非遗保护和公共文化服务等政策为主，颁布部门主要集中于地方人大（地方人大常委会）、江苏省委省政府各文化相关主管部门。

在市级层面，政策主要集中在南京、苏州、无锡等文化产业发展相对较快的城市。南京市 2000—2018 年颁布的文化政策文件最多，共计 61 条，时间主要集中在 2006 年，内容主要涉及文物保护、知识产权、乡村旅游、动漫产业等方面。其次是苏州市，2000—2018 年颁布的文化政策文本共计 25 条，时间主要集中在 2006 年和 2016 年，内容主要涉及文化遗产保护、公共文化服务、动漫产业等方面。第三是无锡市，2000—2018 年共颁布的文化政策 23 条，时间也主要集中在 2006 年，内容主要涉及文化旅游、景区管理、文化遗产保护等方面。

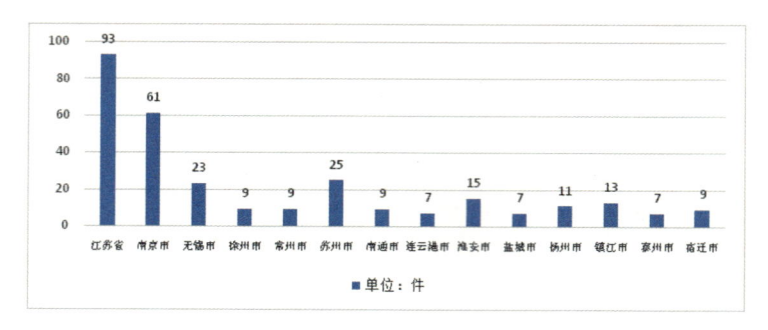

·图 2 2000—2018 年江苏省各市文化政策文本数量分布

文化经济政策清单和主要内容摘编

表1　文化经济政策清单

一、改革配套政策	1. 关于印发文化体制改革中经营性文化事业单位转制为企业和进一步支持文化企业发展两个规定的通知（国办发〔2018〕124号） 2. 关于继续实施文化体制改革中经营性文化事业单位转制为企业若干税收政策的通知（财税〔2019〕16号） 3. 关于继续实施支持文化企业发展增值税政策的通知（财税〔2019〕17号）
二、对外文化贸易	1. 关于加快发展对外文化贸易的意见（国发〔2014〕13号）（苏政发〔2015〕33号） 2. 关于支持文化服务出口等营业税政策的通知（财税〔2014〕118号）（苏财税〔2014〕54号） 3. 关于调整部分产品出口退税率的通知（财税〔2014〕150号）（苏财税〔2014〕4号） 4. 关于影视等出口服务适用增值税零税率政策的通知（财税〔2015〕118号）（苏财税〔2014〕54号） 5. 江苏省开拓海外文化市场行动方案（2016—2020年）的通知（苏商服〔2016〕850号）
三、电影产业	关于支持电影发展若干经济政策的通知（财教〔2014〕56号）（苏财教〔2014〕179号）
四、戏曲传承传统文化	1. 关于支持戏曲传承发展若干政策的通知（国办发〔2015〕52号） 2. 关于支持戏曲传承发展的实施意见（苏办发〔2015〕67号） 3. 中共江苏省委关于繁荣发展社会主义文艺的实施意见（苏发〔2016〕3号）
五、出版物	关于延续宣传文化增值税和营业税优惠政策的通知（财税〔2013〕87号）（苏财税〔2014〕5号）
六、动漫产业	关于动漫产业增值税和营业税政策的通知（财税〔2013〕98号（苏财税〔2013〕51号）
七、创意设计	1. 省政府办公厅关于印发加快提升文化创意和设计服务产业发展水平行动计划（2015—2017年）的通知（苏政办发〔2015〕31号） 2. 省政府关于加快提升文化创意和设计服务产业发展水平的意见（苏政发〔2015〕39号） 3. 省政府办公厅关于印发《2015年文化创意和设计服务产业发展重点任务》的通知（苏政办发〔2015〕70号）

·183·

(续表)

八、小微企业	1. 关于对小微企业免征有关政府性基金的通知（财税〔2014〕122号）（苏财税〔2015〕2号）（苏财税〔2016〕18号） 2. 关于小型微利企业所得税优惠政策的通知（财税〔2015〕34号）（苏财税〔2014〕11号）（苏财税〔2015〕20号） 3. 关于进一步扩大小型微利企业所得税优惠政策范围的通知（财税〔2015〕99号）（苏财税〔2015〕42号）
九、文化金融	1. 省委宣传部、人民银行南京分行、省文化厅、省新闻出版广电局、省财政厅、省金融办、江苏银监局、江苏证江苏保监局关于促进文化金融发展的指导意见（苏宣发〔2015〕8号） 2. 关于印发《江苏省文化金融特色机构认定管理办法》的通知（苏金融办发〔2016〕49号） 3. 关于印发《江苏省文化金融合作试验区创建实施办法（试行）》的通知（南银发〔2016〕146号） 4. 关于印发《江苏省文化金融服务中心认定管理办法》的通知（苏宣通〔2016〕85号）
十、媒体融合	省委办公厅、省政府办公厅印发《关于推动传统媒体新兴媒体融合发展的实施意见》的通知（苏办发〔2014〕55号）
十一、智库建设	关于加强江苏新型智库建设的实施意见（苏办〔2015〕9号）
十二、两个效益相统一	关于推动国有文化企业把社会效益放在首位、社会效益和经济效益相统一的实施意见（苏办〔2016〕2号）
十三、文化市场综合执法	关于进一步深化文化市场综合执法改革的实施意见
十四、税收	1. 江苏省国家税务局转发《国家税务总局关于进一步做好小微企业税收优惠政策贯彻落实工作的通知》的通知（苏国税发〔2015〕48号） 2. 省财政厅省国家税务局省地方税务局转发《财政部国家税务总局关于对部分营业税纳税人免征文化事业建设费的通知》（苏财综〔2013〕108号）
十五、文化科技	省委宣传部等部门关于印发《关于促进文化科技融合发展的二十条政策措施》（苏宣发〔2016〕31号）

表 2　文化经济政策主要内容（税收）

税种	政策规定	出处
一、增值税	1. 对电影制片企业销售电影拷贝（含数字拷贝）、转让版权取得的收入，电影发行企业取得的电影发行收入，电影放映企业在农村的电影放映收入免征增值税。一般纳税人提供的城市电影放映服务，可以按现行政策规定，选择按照简易计税办法计算缴纳增值税。	国办发〔2018〕124号
	2. 对广播电视运营服务企业收取的有线数字电视基本收视维护费和农村有线电视基本收视费，免征增值税。	
二、其他	1. 落实和完善有利于文化内容创意生产、非物质文化遗产项目经营的税收优惠政策。	国办发〔2018〕124号
	2. 认真落实支持现代服务业、中小企业特别是小微企业等发展的有关优惠政策，促进中小文化企业发展。	
	3. 自2015年1月1日起至2017年12月31日，对按月纳税的月销售额或营业额不超过3万元（含3万元），以及按季纳税的季度销售额或营业额不超过9万元（含9万元）的缴纳义务人，免征教育费附加、地方教育附加、水利建设基金、文化事业建设费。	财税〔2014〕122号 苏财税〔2015〕2号 苏财税〔2016〕18号
	4. 引导文化科技企业开展研发活动，规范研发费用支出，按规定享受研发费用加计扣除政策。省财政根据税务部门提供的企业研发投入情况，给予5%—10%的普惠性财政奖励。广告领域文化事业建设费征收范围严格限定在广告媒介单位，清理其他不合理收费，推动落实文化创意和设计服务企业用水、用电、用气、用热与工业同价。完善城乡规划、建筑设计收费制度，对规划、建筑的方案设计，实行单独收费，对方案必选的中标项目，可在收费标准基础上适当提高收费标准，鼓励和推行优质优价。	苏宣发〔2016〕31号 苏政发〔2015〕39号
	5. 落实转企改制戏曲艺术表演团体有关优惠政策，落实暂免征收部分小微企业增值税和营业税、小型微利企业所得税优惠，以及免征部分小微企业教育费附加、残疾人就业保障金等各项税费优惠政策，支持符合条件的小型微型戏曲艺术表演团体发展。	苏办发〔2015〕67号

表3　文化经济政策清单（财政）

类别	政策内容	出处
一、出口文化基地	加大对国家文化出口重点企业和项目扶持力度，加强国家文化出口基地建设。	国办发〔2018〕124号
二、文化科技创新支持	加大财政对文化科技创新的支持，将文化科技纳入国家相关科技发展规划和计划，加强国家文化和科技融合示范基地建设，积极鼓励文化与科技深度融合，促进文化企业、文化产业转型升级，发展新型文化业态。	国办发〔2018〕124号
三、文化产业发展专项资金	1.中央财政和地方财政应通过文化产业发展专项资金等现有资金渠道，创新资金投入方式，完善政策扶持体系，支持文化企业发展。	国办发〔2018〕124号
	2.在文化产业发展专项资金中，专门安排资金支持电影产业发展，主要用于五个方面，一是推动高新技术在电影制作中的应用；二是支持中国电影企业走出去；三是支持重要电影工业项目和高科技核心基地建设；四是资助具有较强市场竞争力的重点影片；五是加强重点专业性电影网站建设。	财教〔2014〕56号 苏财教〔2014〕179号
	3.实施戏曲剧本孵化计划，文化产业发展专项资金对戏曲企业的优秀戏曲剧本创作项目予以支持。中央财政支持开展"三个一批"优秀戏曲剧本创作扶持，通过"征集新创一批、整理改编一批、买断移植一批"，调动全社会戏曲剧本创作积极性、主动性，推出一批优秀戏曲剧本。	国办发〔2015〕52号
	4.深入实施优秀戏曲剧本创作扶持计划，充分利用文化产业发展专项资金、江苏艺术基金等，通过"征集新创一批、整理改编一批、买断移植一批"等方式，不断加大对戏曲创作的扶持力度。有关专项资金对符合条件的县级以下（含县级）转企改制国有戏曲艺术表演团体和民营戏曲艺术表演团体，在购置和更新服装、乐器、灯光、音响、流动舞台车等方面给予资金支持。	苏办发〔2015〕67号
	5.文化产业发展专项资金对符合条件的县级以下（含县级）转企改制国有戏曲艺术表演团体和民营戏曲艺术表演团体，在购置和更新服装、乐器、灯光、音响等方面给予资金支持。	国办发〔2015〕52号
	6.适当增加省现代服务业引导资金和省文化产业引导资金规模，将其资金总规模的20%左右用于支持文化创意和设计服务发展项目。	苏政发〔2015〕39号
四、电影事业发展专项资金	1.中央财政继续安排电影精品专项资金促进电影创作生产，其中每年安排1亿元资金，采取重点影片个案报批的方式，用于扶持5—10部有影响力的重点题材影片。	财教〔2014〕56号 苏财教〔2014〕179号
	2.中央财政通过电影事业发展专项资金安排补贴资金，重点支持中西部地区及东部困难地区县级城市数字影院建设。地方财政根据本地经济发展实际情况，合理安排资金，促进县城数字影院建设的均衡发展。	财教〔2014〕56号
五、政府购买服务等	1.通过政府购买、消费补贴等途径，引导和支持文化企业提供更多文化产品和服务，鼓励出版适应群众购买能力的图书报刊，鼓励在商业演出和电影放映中安排低价场次或门票，鼓励网络文化运营商开发更多低收费业务。加大对文化消费基础设施建设、改造投资力度，完善政府投入方式，建立健全社会力量、社会资本参与机制，促进多层次多业态文化消费设施发展。	国办发〔2018〕124号 国办发〔2015〕52号

（续表）

	2. 根据当地群众实际需求，将地方戏曲演出纳入基本公共文化服务目录，加大政府购买服务力度。把下基层演出场次列为地方戏曲艺术表演团体考核指标内容。拓展高雅艺术进校园活动，不断增加戏曲进校园的演出场次，提高场次补贴；建立健全市、县两级政府购买公共演出服务机制，并根据经济发展情况，逐步提高资金投入额度。创新基层文化惠民资金管理使用模式，将戏曲艺术表演团体服务基层纳入优先保障范围。	苏办发〔2015〕67号
	3. 加强对重点创作项目的投入扶持，鼓励和引导社会力量参与文艺创作生产和公益性文化活动，逐步建立健全文艺创作生产资助体系，加大对省内原创文艺作品的购买力度。扶持和引导各级各类学校加强艺术教育，提高青少年艺术修养。	苏发〔2016〕3号
六、其他	1. 省属重点文化企业，经省政府批准，2020年年底前免缴国有资本收益，免缴部分应用于国有文化企业重点文化项目建设。	苏办〔2016〕2号
	2. 鼓励地方财政参照中央财政的做法，对地方国有戏曲艺术表演团体捐赠收入实行财政配比政策。	国办发〔2015〕52号 苏办发〔2015〕67号
	3. 整合目前已经设立的省级宣传文化发展专项资金和各类文化艺术基金，设立综合性的江苏紫金文化艺术基金。	苏发〔2016〕3号
	4. 根据基层实际，在为转企改制戏曲艺术表演团体配备流动舞台车的基础上，中央财政出资为县级划转为研究类或传承保护类机构且未配备过流动舞台车的戏曲艺术表演团体配备流动舞台车。	国办发〔2015〕52号 苏办发〔2015〕67号
	5. 推动符合条件的文化科技企业进入省高新技术企业培育库，对入库企业，根据其销售、成本、利润等因素，由省、市、县财政给予培育奖励，原则上不超过3年。对注册为独立法人并符合省科技主管部门备案条件的文化类技术转移机构，自备案之日起，省财政连续3年给予开办经费及办公经费补助，每年分类资助30—50万元；3年后纳入省级技术转移机构绩效考评管理序列。	苏宣发〔2016〕31号
	6. 推动重点戏曲院团"一团一所一厅"建设，确保一个院团有一个固定的办公场所和一个设备齐全的排练厅，"十三五"期间全省新增6个戏曲演出剧场。把简易戏台纳入村级公共服务平台建设范围，在城镇建设和旧城改造中，合理布局文化特别是戏曲演出空间；在文物部门的支持下，注重保护利用现存戏台尤其是古戏台，有条件的可建设戏曲文博场馆。县级以上（含县级）的群艺馆、文化馆建设按照国家颁布的用地标准和建设标准，综合设置戏曲排练演出场所。对中等职业教育戏曲表演专业学生实行免学费。各级财政部门要全面落实大中专戏曲职业教育生均拨款制度。鼓励戏曲表演类民间艺人、非物质文化遗产传承人参与戏曲职业教育教学，实施"名家传戏—戏曲名家收徒传艺"计划。加大对青年拔尖人才的培养力度，省级宣传文化部门每年选送20名优秀青年戏曲演艺人才到高等院校进修深造，并在符合规定条件下，为优秀青年演员职称评定开辟"绿色通道"。	苏办发〔2015〕67号

·187·

表4 文化经济政策清单（金融）

类别	政策内容	出处
一、信贷	1. 针对文化企业的特点，研究制定知识产权、文化品牌等无形资产的评估、质押、登记、托管、投资、流转和变现等办法，完善无形资产和收益权抵（质）押权登记公示制度，鼓励金融机构积极开展金融产品和服务方式创新。在风险可控、商业可持续原则下，进一步推广知识产权质押融资、供应链融资、并购融资、订单融资等贷款业务，加大对文化企业的有效信贷投入。鼓励开发文化消费信贷产品。	国办发〔2018〕124号
	2. 鼓励银行业金融机构加快推动适合电影产业需求特点的信贷产品创新，在有效控制风险的前提下，逐步扩大融资租赁贷款、应收账款质押融资、产业链融资、股权质押贷款等适应电影企业特点的信贷创新产品的规模，探索开展无形资产抵质押贷款业务，拓宽电影企业贷款抵质押物的范围。将文化金融合作试验区内符合条件的企业和项目作为政府专项资金支持重点，对区域内符合条件的融资项目，采取贷款贴息、保费补贴等形式给予支持。用好省科技成果转化风险补偿专项资金，鼓励各市、县（市、区）、国家级和省级高新区引导金融机构加大文化科技企业的信贷支持。鼓励省级科技金融专营（特色）机构、省级文化金融特色机构加大对文化科技企业的支持力度，创新金融产品，适当提高对小微文化科技企业不良贷款比率的容忍度。鼓励省级文化金融合作试验区、省级文化金融服务中心支持文化科技类企业，在创建、考核时予以重点评估。建立财政资金引导、金融机构与文化企业共同参与、市场化运作程度高的文化产业融资风险分担补偿机制，支持将风险补偿、风险代偿等方式由债权向股权投入互通。	财教〔2014〕56号 苏财教〔2014〕179号 南银发〔20146〕146号
	3. 积极推动适合电影产业需求特点的服务模式创新，支持银行业金融机构根据电影企业的不同发展阶段和金融需求特点，有效衔接信贷业务与结算业务、国际业务、投行业务，有效整合银行公司业务、零售业务、资产负债业务与中间业务。鼓励银行业金融机构支持文化创意和设计服务小微企业发展。有条件的地区建立社会资本投资风险补偿机制，鼓励各类担保再担保机构提供融资担保和再担保。鼓励保险公司加大创新型文化保险产品开发力度，探索建立专业文化产业保险组织机构，促进文化产业保险发展。发挥省紫金文化产业发展基金作用，积极引进私募股权投资基金、创业投资基金及各类投资机构投资创意设计领域。支持符合条件的创意设计企业总部组建财务公司、发起设立产业并购基金和文化类融资租赁公司。	苏政发〔2015〕39号 财教〔2014〕56号 苏财教〔2014〕179号 苏宣发〔2016〕31号
二、基金	1. 鼓励国有文化产业投资基金作为文化产业的战略投资者，对重点领域的文化企业进行股权投资。创新基金投资模式，更好地发挥各类文化产业投资基金的引导和杠杆作用，推动文化企业跨地区、跨行业、跨所有制兼并重组，切实维护国家文化安全。	国办发〔2018〕124号
	2. 引导私募股权投资资金、创业投资基金等各类投资机构投资电影产业。对于获得社会风险投资的文化科技企业，省文化投资集团、紫金文化产业发展基金可按不高于首轮投资额的50%跟进投资，单个项目不超过1000万元。	财教〔2014〕56号 苏财教〔2014〕179号 苏宣发〔2016〕31号

（续表）

三、上市	通过公司制改建实现投资主体多元化的文化企业，符合条件的可申请上市。鼓励符合条件的已上市文化企业通过公开增发、定向增发等再融资方式进行并购和重组。鼓励符合条件的文化企业进入中小企业板、创业板、新三板、科创板等融资。对接国家股票发行制度改革，推动符合条件的互联网企业和文化科技企业到创业板发行上市。支持中小文化科技企业到新三板和区域股权交易市场挂牌。支持金融机构选择创意设计产业项目开展信贷资产证券化试点。建立完善创意设计企业无形资产评估体系，支持其利用专利权、商标权、版权、收益权等无形资产及其他财产权利质押等方式融资。鼓励创意设计企业在新三板、江苏股权交易中心挂牌，支持有条件的创意设计企业上市。	国办发〔2018〕124号 苏政发〔2015〕39号 苏宣发〔2016〕31号
四、发债	1.鼓励符合条件的文化企业通过发行企业债券、公司债券、非金融企业债务融资工具等方式扩大融资，鼓励以商标权、专利权等无形资产和项目未来收益权提供质押担保以及第三方公司提供增信措施等形式，提高文化企业的融资能力，实现融资渠道多元化。支持文化科技企业通过发行债券融资，支持担保机构为中小文化科技创新企业发债提供担保，支持地方财政提供贴息。	国办发〔2018〕124号 苏宣发〔2016〕31号
	2.鼓励电影企业发行公司债、企业债、集合信托和集合债、中小企业私募债等非金融企业债务融资工具。	财教〔2014〕56号 苏财教〔2014〕179号
五、综合性金融服务	鼓励银行、投资基金、保险等机构联合采取投资企业股权、债券、资产支持计划等多种形式为电影企业提供综合性金融服务。	财教〔2014〕56号 苏财教〔2014〕179号

表5　文化经济政策清单（资产和土地处置及其他）

类别	政策内容	出处
一、资产处置	发生分立、合并、重组、改制、撤销等经济行为涉及国有资产或产权结构重大变动的文化企业，应当按照国家有关规定进行清产核资，清产核资工作中发现的资产损失经确认后应当依次冲减未分配利润、盈余公积、资本公积、实收资本。	国办发〔2018〕124号
二、土地处置	1. 文化企业改制涉及的原划拨土地，改制后符合《划拨用地目录》的，可继续以划拨方式使用；不符合《划拨用地目录》的，应当依法实行有偿使用。经省级以上人民政府批准，国有文化企业改制为授权经营或国有控股企业的，原生产经营性划拨用地，经批准可采用作价出资（入股）方式配置。文化企业改制为一般竞争性企业的，原生产经营性划拨用地可采用协议出让或租赁方式进行土地资产处置。	国办发〔2018〕124号
	2. 利用划拨方式取得的存量房产、土地兴办文化产业的，符合《划拨用地目录》的，可按划拨方式办理用地手续；不符合《划拨用地目录》的，在符合国家有关规定的前提下可采取协议出让方式办理。将文化类建设用地纳入城乡规划、土地利用总体规划，有效保障文化产业设施、项目用地需求。鼓励利用闲置设施、盘活存量建设用地发展文化产业。鼓励将城市转型中退出的工业用地根据相关规划优先用于发展文化产业。企业利用历史建筑、旧厂房、仓库等存量房产、土地，或生产装备、设施发展文化产业，可实行继续按原用途和土地权利类型使用土地的过渡期政策。	国办发〔2018〕124号
	3. 支持以划拨方式取得土地的单位利用存量房产、原有土地兴办创意设计产业，在符合城乡规划前提下土地用途和使用权人可暂不变更，连续经营1年以上，符合划拨用地目录的，可按划拨土地办理用地手续；不符合划拨用地目录的，可采取协议出让方式办理用地手续。对通过收购或改造旧城区、废弃工业厂房、传统商业街、历史文化保护街区等方式建设文化创意和设计服务集聚区的，可优先纳入近期建设规划和年度实施计划。	苏政发〔2015〕39号
	4. 实行差别化的戏曲教学排练演出设施用地政策。实行支持影院建设的差别化用地政策。	财教〔2014〕56号 苏财教〔2014〕179号 国办发〔2015〕52号
	5. 结合实际完善有关用地标准和建设标准，明确戏曲教学排练演出场所建设要求。戏曲教学排练演出设施独立用地，符合《划拨用地目录》的，可以划拨方式提供。支持现有戏曲教学排练演出设施改造建设，在符合城乡规划、土地利用总体规划的前提下，可兼容一定规模的商业、服务、办公等其他用途，并按协议方式补充办理用地手续。严格戏曲教学排练演出设施用地供后监管，需改变合同约定的土地用途的，必须取得出让方和市、县（市、区）政府城市规划行政主管部门同意，其中单独建设戏曲教学排练演出设施用地应在用地合同和划拨决定书中明确，改变用途应由政府依法收回后重新供应。	苏办发〔2015〕67号
三、工商管理	允许投资人以知识产权等无形资产评估作价出资组建文化企业，具体按国家法律规定执行。	国办发〔2018〕124号

表6　文化经济政策清单（收入分配和社会保障及人员分流安置）

类别	政策内容	出处
一、收入分配	1.转制后执行企业的收入分配制度。职工工资收入与岗位责任、个人贡献以及企业效益密切挂钩，参照劳动力市场价位，合理拉开差距。加强对转制后的国有文化企业收入分配的指导和调控，合理确定工资总额。	国办发〔2014〕15号
	2.国有控股企业和国有独资企业的负责人收入分配按国家有关规定执行，建立并完善国有文化企业负责人薪酬管理机制。	国办发〔2014〕15号
	3.转制后自工商注册登记的次月起按企业办法参加社会保险。转制时在职人员按国家规定计算的连续工龄，视同缴费年限，不再补缴基本养老保险费。	国办发〔2014〕15号
	4.转制前已经离退休的人员，原国家规定的离退休费待遇标准不变。	国办发〔2014〕15号
	5.转制前参加工作、转制后退休的人员，基本养老金的计发和调整，按企业办法执行。	国办发〔2014〕15号
二、社会保障	1.离休人员的医疗保障继续执行现行办法，也可按照所在统筹地区相关规定纳入离休人员医药费单独统筹，所需资金按原渠道解决；转制前已退休人员中，原享受公费医疗的，在享受基本医疗保险待遇的基础上，可以参照国家公务员医疗补助办法，实行医疗补助。	国办发〔2014〕15号
	2.转制后具备条件的企业可按照有关规定为职工建立企业年金和补充医疗保险，并通过企业年金等方式妥善解决转制后退休人员的养老待遇问题。	国办发〔2014〕15号
	3.中央各部门各单位设在地方的出版单位、中央各部门各单位出版单位在地方的派出（分支）机构的人员，转制后按规定纳入当地社会保障体系。	国办发〔2014〕15号
三、人员分流安置	1.对转制时距国家法定退休年龄5年以内的人员，在与本人协商一致的基础上，可以提前离岗，离岗期间的工资福利等基本待遇不变，单位和个人继续按规定缴纳各项社会保险费，达到国家法定退休年龄时，按企业办法办理退休手续，按转制过渡期退休人员办法享受退休待遇。	国办发〔2014〕15号
	2.转制时，要按照《中华人民共和国劳动合同法》的规定，自工商注册登记之日起与在职职工全部签订劳动合同。职工在事业单位的工作年限合并计算为转制后企业的工作年限。转制后根据经营方向确需分流人员的，应按照《中华人民共和国劳动合同法》第四十条、第四十一条、第四十二条规定处理劳动关系，对符合支付经济补偿条件的，应依法支付经济补偿。	国办发〔2014〕15号
	3.转制企业应当切实保障职工的合法权益。转制时，对提前离岗人员所需的基本待遇及各项社会保险费、分流人员所需的经济补偿金，可从评估后的净资产中预留或从国有产权转让收入中优先支付。净资产不足的，财政部门也可给予一次性补助。	国办发〔2014〕15号
四、其他	1.保留事业性质和划转为研究类、传承保护类事业性质的戏曲艺术表演团体，在公开招聘戏曲专业技术人员时，可按照国家关于事业单位公开招聘有关要求，结合本地区本单位实际和戏曲专业人员特点，合理确定招聘方式，注重人才的思想政治素质、专业素养和艺术成就，按照干什么、考什么的原则，由事业单位或主管部门采用技能操作、才艺展示等竞争形式择优选拔适岗人才；在符合政策规定前提下，按照特人特招、特事特办原则引进优秀专业人员。各戏曲艺术表演团体可采取多种方式引进紧缺文艺人才，并将符合"青年文艺人才引进计划"条件的纳入资助范围。	苏办发〔2015〕67号

（续表）

	2.将转制为企业的戏曲艺术表演团体和民营戏曲艺术表演团体中的专业技术人员纳入职称评审范围，并在业务培训、评选评奖等方面享受同等待遇。戏曲艺术表演团体要按国家有关规定为职工办理社会保险，转制为企业的戏曲艺术表演团体和民营戏曲艺术表演团体，有条件的可建立企业年金、购买商业保险，切实维护戏曲从业人员的合法权益。鼓励社会团体、社会资本等对戏曲武功伤残、患职业病等特殊人员进行救助，有条件的可发起设立戏曲从业人员保障公益基金会。	

（资料提供单位：江苏省委宣传部改革处）

伍

·企业篇：国有文化企业『两效统一』报告

新华报业传媒集团"两效统一"报告

今年以来，新华报业传媒集团坚持"两效统一"原则，抓导向毫不松懈，抓发展开源节流。一方面创新新闻宣传工作，提高新闻舆论传播力、引导力、影响力、公信力；另一方面服务好全省改革发展大局，进一步提升事业发展的质量和效益，较好实现了社会效益和经济效益的同步提高。

1 "两效统一"的重点举措

2018年，在国内报业广告同比下降23%，六成纸媒集团亏损的情况下，集团利润增长34.82%，高于全省文化产业13.4%的利润平均增长幅度；子报全部实现盈利，在省级报业集团中并不多见；新媒体经营增幅明显，都市报经营跌幅收窄。2018年以来，集团以"六个坚持"为抓手，全面提升宣传服务水平和经营开拓能力，形成内容优势和传播优势，进一步扩大市场占有率。

「1」坚持正确舆论导向，做强做优新闻业务

集团始终围绕中心，服务大局，坚持以重大主题报道创新为龙头，抓好新闻舆论引导工作。《新华日报》重点抓好"在习近平新时代中国特色社会主义思想指引下——新时代新作为新篇章"等一批重点专栏报道。《新

华日报》重点评论栏目——"苏言"专栏目前已见报31篇。理论宣传的新媒体平台影响力进一步扩大，11篇原创报道获中央网信办全网推送。

在成功创办《思想周刊》和《人文周刊》基础上，《新华日报》推出的《科技周刊》，以及全新打造的《文艺周刊》，组成了"思想红、人文青、科技蓝、文艺紫"的"新华系"周刊矩阵。集团实施的"史诗40年！改革开放再出发——新华报业庆祝改革开放40周年大型全媒体行动"，采访对话了13个设区市主要领导和企业乡村一线干部群众，全景报道了江苏各地改革开放以来特别是党的十八大以来取得的辉煌成就。

2018年8月29日，《新华日报》《扬子晚报》双双上榜"2018年亚洲品牌500强"，是江苏上榜品牌中仅有的两家平面媒体。《新华日报》排名较上年提升三位，《扬子晚报》第13次入选该榜。2018年9月5日，"2017—2018中国传媒经营价值百强榜"发布，《新华日报》荣登"全国省级日报十强"第二名，连续7年位列省级党报第一方阵；《扬子晚报》荣获"全国晚报二十强"第一名，《江苏经济报》上榜"全国报刊融合创新二十强"，交汇点新闻客户端、扬眼跻身"全国报刊业新媒体三十强"。

「2」坚持媒体转型为方向，推进媒体深度融合

集团积极推进媒体融合发展，加快从传统主流媒体向新型主流媒体的跨越。一是实施报、网、端、微一体化运作。2018年初，集团通过重设组织架构、再造采编流程、改革考核制度等举措，打通《新华日报》、中江网、交汇点客户端和相关微媒体的一体运作。二是加强移动端新媒体建设。截至目前，集团有新闻网站9个，其中国家一类新闻网站3个，数量在省级报业集团中最多。移动新闻客户端6个，微信、微博、账号109个。三是移动优先战略进一步强化。集团以交汇点为突破口，成立交汇点云媒公司，打造新媒体经营矩阵，实现最大

限度的流量变现、活动变现和影响力变现。四是推进基础平台建设。作为报网端微一体化运作的核心——全媒体指挥中心项目在省委省政府大力支持下已启动建设。

「3」坚持以资本为纽带，挖潜新利润增长点

集团经营拓展，总体思路是深耕主业、适度多元，走出一条"传媒+"的产业发展之路，着力打造可持续、可复制、可推广的"传媒+"新经济模式。近期，集团已分别与省交通控股集团和中石化江苏分公司达成合资协议，并进军相关产业，在内容传播、渠道开发、资本布局等方面实现突破。集团印务中心拟整合成立新华报业传媒集团数字印刷出版基地，融合南京民国文化特色建立近现代印刷博物馆，形成"印刷+文化+旅游"文化产业新格局。泰州婚庆产业园建设，是集团重点打造的"传媒+文化"项目，目前正扎实推进项目建设。

「4」坚持内部机制改革，用好人才"第一资源"

2018年以来，集团加大干部特别是年轻干部选拔任用力度，允许和鼓励一定年龄的干部自愿离岗，民主推荐一批正处和副处干部人选供培养使用。同时，为加强人才培养、拓展骨干力量工作，集团研究制定了"名师带徒工程"和"人才培养工程"方案。

「5」坚持本地本土化战略，加快地方分社建设

集团制定了"本土化、本地化"战略，紧扣"融入基层、宣传基层、服务基层"指导思想，把地方分社建设成为集团总部战略的重要下移点、支撑点和增长点，以《新华日报》、中国江苏网、交汇点新闻客户端为牵引，建设13个设区市地方分社，打造地方全媒体矩阵，迅速把产品和服务向县（市、区）扎根渗透。

「6」坚持解放思想、深化改革，兴起实干兴报的热潮

按照省委的统一部署和要求，从集团到基层多次举

行解放思想大讨论活动。集团员工踊跃参与"新时代新华精神""我为集团发展献计献策",提出了一大批有价值、有操作性的建议。通过解放思想大讨论,激发各个单位改革创新、实干兴报的勇气和实践。

2　行业对标比较分析

集团发展虽处于省级报业集团的第一梯队,但与先进相比,还有明显差距。主要体现在两个方面:一是经营发展不平衡。对内看,独木难成林。目前,集团利润过亿的有1家,利润从5000万元到1亿元的经营单位空白。同时,传统广告占比过重,经营结构存在风险性。向外看,多种经营生态不够丰富。2018年上半年,上报集团的新媒体收入占总收入达到54%;《河南日报》《重庆日报》的多种经营收入,已经远远超过报业广告经营的收入;浙报集团地方分社改革红利初显,11个地方分社去年经营开发突破1.2亿,占据集团传媒业务的半壁江山。二是报业转型的压力增大。目前,国内报业都处于爬坡过坎的困难期,与此对应的新媒体上市公司,如明诚股票、中文在线、紫天科技的营业增幅全部超过了100%,最多的营业增幅达到265%。对于报业经营而言,更大的挑战还来自5G流量时代的全面到来。三是技术创新与内容融合深度不够。以今日头条、网易新闻等为代表的新媒体,充分使用人工智能与大数据,精准捕捉用户需求,并衍生相关服务,迸发商业价值。相比而言集团的网站、客户端、微博微信,传播方式较为传统,对用户需求的把握与分析能力不足。

2018年3月下旬,集团主要负责同志深入调研了集团30个单位、部门,总结了相关意见和建议:一是集团新闻内容质量还需进一步提升,需大力投入打造爆款产品、现象级产品;二是宣传服务水平还有待提高,在壮大主流舆论上还需下更大功夫;三是媒体融合转型有待进一步深入,要创新工作流程和改进运作机制,积极争取统筹省内各地方的中央信息厨房建设，通过开放端口，实现内容和技术共享，打造全省无界化融合的新闻生态体；四是要积极应对传统纸媒生存空间继续受到挤压，特别是去年以来新闻纸价格飙升造成的成本上升问题，适时调整价格，努力开源节流；五是加大培养和引进集团发展所需的新媒体人才、技术研发人才、融合经营人才。

（资料提供单位：新华报业传媒集团）

省广播电视总台（集团）"两效·统一"报告

江苏省广播电视总台（集团）成立于2001年，以"责任塑造形象，品质成就未来"为办台理念，以"高标准建设全国一流新型媒体集团"为奋斗目标，6次入选"全国文化企业30强"，连续15年入选"中国500最具价值品牌排行榜"，综合实力和媒体影响力居全国前列。

近年来，总台以习近平新时代中国特色社会主义思想为指引，旗帜鲜明弘扬主旋律，不遗余力传播正能量，坚持把社会效益放在首位，不断开拓市场空间，努力实现社会效益与经济效益相统一。

1 | 自觉传播党的声音

总台始终坚持走正路，坚持正确政治方向、舆论导向、价值取向，坚定同以习近平同志为核心的党中央保持高度一致，坚定传播党的声音，坚定传播核心价值观，坚定传播正能量。总台在履行主流媒体责任担当上的做法和举措，多次受到中宣部、总局和省委省政府的表扬和肯定，不少新闻作品获各类国家级奖项，在2018年的第二十八届中国新闻奖评选中3件作品获一等奖，居省级广电媒体前列。

近年来，总台在宣传报道上正面宣传创新多、效果好，大型主题报道声势大、影响广，有效传播了主流声音，巩固壮大了主流舆论。围绕中央决策部署和省委省政府中心工作相关的重大主题，电视、广播、新媒体每年联动推出主题报道近百组，迅速形成舆论强势，汇聚更多共识，凝聚更强力量。围绕时事政策的通俗化、大众化解读，大型理论访谈项目《时代问答》通过与马克思主义理论研究和建设工程首席专家一对一的深度访谈，及时解读中央精神，解析时事热点，成为传播习近平新时代中国特色社会主义思想的重要阵地。大型通俗理论对话节目《厉害了，我们的新时代》和《马克思是对的》，生动呈现新时代新思想的丰富内涵，感受伟人的人格魅力，感知真理的力量，在央视、江苏卫视等多终端播出，网络视频播放总量达上亿次，使得"小众"的理论节目取得了"大众"的传播效应。围绕弘扬社会主义核心价值观，连续推出的三季大型全媒体新闻纪实节目《你所不知道的中国》，讲好中国发展进步的故事，讲好中国人奋斗圆梦的故事，产生了热烈反响，第二、三季连续获得中国新闻奖，第三季在BBC世界新闻频道和江苏卫视同版同步播出，首次实现新闻纪实节目在西方主流平台和国内同版同步播出。

2 牢牢把握主流阵地

作为主流媒体，总台严格落实意识形态工作责任制，建立了严密的内容把关机制，近年来成立了专门委员会负责节目和影视项目的立项评估、播出（投资）审批，确保所有平台、所有内容导向正确、可管可控，努力通过高品位、高格调的优质内容来吸引更多受众。

江苏卫视定位"有品质，有温度，只引领，不跟随"，文化、益智、音乐、情感节目矩阵齐头并进，跨年演唱会、春晚、元宵晚会等大型活动收视口碑俱佳，《江苏新时空》《新闻眼》《一站到底》《最强大脑》《阅读·阅美》《美好时代》等多个节目获得上级主管部门肯定和主流媒体点赞，综合影响力保持省级卫视第一方阵。各地面频道和各广播频率强化融合传播，频道频率特色不断彰显，影响力竞争力持续提升。总台也将广告作为传播正能量的重要内容载体，近年来不仅创作播出了多系列、多主题、形式多样、内容丰富的公益广告，还在雅安地震、"东方之星"客轮翻船等突发事件发生后，以及每年的国家公祭日，主动调整版面，取消所有娱乐节目的播出，撤掉与气氛不合的广告，切实体现主流媒体责任。

3 深入推进融合发展

近年来，总台着力打破僵化的条条框框，强化移动优先、融合创新，在巩固提升广播电视传播力和影响力的同时，大力度拓展新兴传播渠道，平台建设、渠道建设、内容建设、机制建设等多个环节均实现了新突破，媒体融合取得实质性进展。

近年来，总台累计投入数亿元，推进荔枝云平台及配套技术系统建设，不断优化"公有云"应用，正式上线"私有云"，目前荔枝云平台经中广联合会技术委员会鉴定，被认为走在了全国前列，是最先进的系统，达到国际领先水平。总台全面启动新闻融合创新工作，组建融媒体新闻中心，建立融媒体调度指挥中心，出台鼓励"移动优先"的融合报道考核机制，推出融媒体周报和融合新闻周榜，融合新闻发稿量、全网阅读量迅速增长。荔枝新闻客户端累计下载用户超2000万，作为江苏第一主流新媒体的影响力持续提升。我苏客户端作为展示江苏、感知江苏的又一综合网络平台，知名度和影响力不断提高。

4 大力打造精品力作

总台坚持以人民为中心的创作导向，按照"好主题＋好品质＋好影响"的原则，把握好题材、主题和节点，提前谋划，做到重大节点不缺位，推出了一系列在全国形成广泛影响的精品力作。近年来总台在央视播出 17 部电视剧，37 部专题片、纪录片，走在省级广电前列。

电视剧方面，牵头制作的《春天里》《于无声处》《雪域雄鹰》，参与制作的《海棠依旧》《长征大会师》《黄土高天》在央视一套播出，《春天里》荣获第 29 届中国电视金鹰节"优秀电视剧奖"；牵头制作的《生命中的好日子》《草帽警察》《突击再突击》《娘亲舅大》《回家的路有多远》，参与制作的《舰在亚丁湾》《白云飘飘的年代》等在央视八套播出；牵头制作的《毕业歌》《最后一张签证》，参与制作的《香蜜沉沉烬如霜》等在多家卫视热播；《江河水》《大地之子》等 6 部电视剧入选国家广电总局"2018—2022 年百部重点电视剧选题剧目名单"，入选数量在省级台和省级国有文化企业中位居前列。纪录片方面，牵头制作了纪录片、专题片《中国梦·中国路》《毛泽东诗词故事》《外国人眼中的南京大屠杀》《幸存者》《南京之殇》《致未来书》《榜样——周恩来的故事》等，参与制作了《1937·南京记忆》《东方主战场》，成为全国的纪录片、专题片创作高地。其中《南京之殇》在 A+E 美国电视网络下属的历史频道美国区主频道和亚洲区主频道首播，实现该题材纪录片首次在西方主流媒体播出，获"日间艾美奖"最佳摄影奖和最佳剪辑提名奖，实现重大突破。电影方面，《白日焰火》获第 64 届柏林国际电影节最佳影片金熊奖和最佳男演员银熊奖，实现华语电影重大突破；《神秘世界历险记 4》《无问西东》实现票房与口碑双丰收。

5 做大做强文化产业

总台深入实施"双轮驱动"战略，坚持做精做细做强传统业务、拓展拓宽拓张新兴业务，近年来传统业务基础进一步夯实，新经济增长点进一步增加，收入结构进一步优化，资产规模和运营质量、收入规模、盈利水平等在全国省级广电中均居于前列，有效提升了抗风险能力和市场竞争力。综合实力的显著提升，为总台履行主流媒体责任、实现双效统一提供了有力的支撑条件。

卫视频道全方位提升，在巨大挑战面前转变经营思路，保持平稳发展。地面频道和频率积极创新经营方式，在全国省级广电中排名前列。控股的幸福蓝海集团于深交所上市，影视剧投拍业务和电影发行放映业务实现较大增长，院线票房保持全国第十。好享购物作为拥有全国牌照的专业电视购物公司，积极应对挑战，经营工作呈现稳中向好态势。新媒体板块增长强劲，优质内容资源整合效应显现，用户规模和经营业绩稳步攀升。国际业务快速发展，节目模式成功输出，多部作品销往欧美主流媒体。金融产业链不断壮大，国际租赁公司收入、利润持续增长，参与投资项目进展顺利。荔枝广场、荔枝文创、荔枝文旅三大载体品牌建设持续推进，荔枝大剧院品牌效应初步显现。

6 着力完善内部管理

总台坚持将"两效统一"的理念体现到公司章程和各项工作中，并通过深化改革、优化管理为事业产业发展注入新动力。近年来，总台全面深化改革，完成了部分组织架构的调整，加大了资源整合和媒体融合力度，激发了新一轮发展的活力；进一步提升技术保障水平和研发创新能力，圆满完成各重要保障期的安全播出任务，参与总局多个行业性课题研究；强化规范管理，做好流程把关，进一步优化内部考核激励体系，着重凸显"两效统一"要求，强化意识形态责任考核，对频道频率等设置 50% 以上的社会效益类指标，对产业性公司设置资产保值、风险防范等业务指标；有效落实"党管干部、党管人才"原则，坚持德才兼备、以德为先的选人用人标准，着力打造一支政治过硬、本领高强、求实创新、能打胜仗的媒体人才队伍；深入实施"暖心工程"，改善就餐环境、解决停车难问题、实施租赁制员工转集团聘用制、打造工作休闲区等，为员工办好事、办实事、解难事，营造暖心环境；不断加强党的建设工作，深入贯彻落实中央和省委关于全面从严治党的要求，思想建设持续强化，政治生活严格规范，制度体系不断完善，监督管理更严更细，全面从严治党向纵深发展，风清气正、干事创业的良好氛围进一步得到巩固。

（资料提供单位：江苏省广电集团）

凤凰出版传媒集团"两效统一"报告

在江苏省委宣传部的正确领导下，集团认真贯彻落实《实施意见》，坚持将社会效益放在首位，着力谋划制度创新，紧紧围绕"内容、质量、好书"三个第一位，推出一批精品图书，"两效统一"取得显著成效。

1 | "两效统一"的重点举措

2018年底，集团营业收入180亿元，利润总额30亿元，总资产520亿元，净资产310亿元。集团连续十届入选"全国文化企业30强"，连续九年在全国新闻出版业总体经济规模和综合实力评估中名列第一。

「1」聚焦出版主业，提升集团核心竞争力

集团深入实施文化出版精品战略，努力提高质量多出好书。2018年，集团入选中宣部2018年主题出版重点选题图书2种。国家"十三五"项目数量在第二次增补后达到107种，已超过"十二五"项目总数；21种项目入选国家出版基金，创历年入选数量之最；9个项目入选2018年度国家古籍整理出版专项经费资助项目。中国出版政府奖获选16个奖项，居全国出版集团第二、地方出版集团首位；5种图书入选在新闻出版署向"全国青少年推荐百种优秀出版物"；2种图书分别入选总局"向全国推荐中华优秀传统文化普及图书"和"向全

国推荐百种优秀民族图书"（江苏省唯一一家入选）。"十三五"期间输出非华语版权为 773 种，引进输出比 1.35∶1。

集团重点政治读物的销售成绩显著，《习近平新时代中国特色社会主义思想三十讲》155 万册，《习近平谈治国理政第二卷》40 万册，《新时代理论热点面对面》30 万册。集团成功承办第八届江苏书展，举办 168 场文化活动。全省全年组织品牌阅读活动约 500 场。实体书店提档升级，5 家门店相继完成改造升级；9 家书店入选"2018 江苏最美书店"；2 家书店获评"中国最美新华书店"。

《现代快报》坚持技术、创意、服务"三轮驱动"。优化组织机构，引进专业人才，改革考评体系，推进全媒体产品生产和经营，全媒体产品占比已超 70%。

「2」推进制度创新，完善企业运行机制

严格执行"三重一大"决策制度和重大事项管理制度，集团重大事项通过董事会、党委会、总经理办公会等集体决策，规范履行程序，重要事项按规定报省委宣传部和省财政厅审核备案。省属国有文化企业监事会成立后，监事会成员已正式列席集团决策会议，职工监事已选出。强化总编辑内容把关的职责，在集团和凤凰传媒分别增设编辑委员会（艺术委员会）。《现代快报》强化内容把关岗位的职责，对涉及内容导向问题的一票否决，落实重大选题报备等制度，严格遵守内容管理法律法规，建立全流程内容审核把关机制，形成一体化的全媒体内容建设和经营体系。

集团完善主业考核办法和机制，强化社会效益的考核内容及指标，对不同功能定位的企业，突出不同考核重点，出版企业、印务企业、发行企业，社会效益和经济效益在考核中所占权重比分别为 5.2∶4.8、5∶5、5∶5。

「3」坚持党管干部原则，健全人才队伍管理制度

推进人力资源管理制度化建设。落实党管干部原则，发挥选拔任用机制、薪酬管控机制、绩效管控机制和人才培养机制的协同作用，建立健全工作制度，规范与制度相互配套的工作程序，形成更加有效的管控机制。

统筹抓好各类人才队伍建设，分类分层，突出重点。加强出版企业负责人队伍建设，坚持德才兼备、以德为先的选人标准，强化担当意识、责任意识和奉献意识，规范选拔任用程序，树立正确用人导向。根据从严管理干部"五个要"规定，对企业负责人和关键岗位人员监督和管理并重，建立履行社会效益责任的追究制度，出现问题的进行诫勉谈话、降薪。

「4」加强党的建设，充分发挥党组织的政治核心作用

推动党的十九大精神学习宣传贯彻全覆盖，集团对各级党组织学习十九大精神贯彻落实情况进行检查；重视意识形态责任制的落实，制订并下发《凤凰集团意识形态工作责任清单》；研究制定《集团党委2018年全面从严治党主体责任清单》和《集团2018年党建责任工作清单》，推动各单位和各部门形成具体责任清单，构建集团责任清单体系。推进落实集团解放思想大讨论工作，开展集团"我为高质量发展献一策"征集活动。

2 | 行业对标比较

凤凰集团主业突出，业务结构保持稳定。从全国各家图书出版集团下属上市公司数据来看，凤凰集团编、印、发业务总量排名第一，合计122.01亿元（汇总数）。其次是湖南出版投资控股集团（上市子公司中南传媒）116.95亿元（汇总数）及山东出版集团（上市子公司山东出版）83.91亿元（汇总数）。从业务结构来看，凤凰集团约60%的主业收入来自子公司凤凰传媒，主业占比仅次于湖南出版投资控股集团和山东出版集团。

3 | 企业下一步深化改革发展思路

集团将在习近平新时代中国特色社会主义思想和党的十九大精神指引下，进一步解放思想，以出版主业为核心，以内容建设为重点，以改革创新为手段，坚持稳中求进，坚持社会效益与经济效益相统一，努力推动凤凰集团高质量发展继续走在同行业前列。

一是做大做强主业。继续做好十九大精神的吸收转化工作，使其成为内容生产源泉。狠抓江苏文库、《中国运河志》及运河选题等规划项目和重点出版工程。继续做好外版教材的租型、授权，力保省内教材市场的稳定。强化效益导向，加大社区书店、校园书店、特色书店、24 小时书店的建设。

二是加快数字化转型。加大内容、渠道、资金、技术的整体融合，增强平台聚焦和垂直化程度，创新产品形态和服务形态。《现代快报》继续在融媒体创新和机制创新上有所突破。

三是推进人才队伍建设。深化人事制度改革，大力引进和培养高层次专业人才，优化干部队伍结构。

（资料提供单位：凤凰出版传媒集团）

省广电有线信息网络股份有限公司"两效统一"发展报告

江苏有线是2008年组建的国有大型文化企业，2015年4月在上海证券交易所成功上市。全公司总资产320亿元，净资产215亿元；2018年实现营业收入80亿元，净利润12亿元，全省高清互动终端超过700万台，宽带数据用户超过280万户。2010—2018年，连续九年入选"全国文化企业30强"。

1 认真履行社会责任，不断强化服务意识

2018年，江苏有线连续九次入选"全国文化企业30强"，也是全国唯一获此殊荣的广电网络公司。一是认真履行政治责任和社会责任。公司把安全畅通地传送党和政府声音作为公司首要任务，连续10多年来实现安全播出无重大事故，圆满完成了"全国两会""江苏两会""海南博鳌亚洲论坛年会""青岛上合组织峰会"等重大安全保障期的信号安全传输和各项安播保障任务。二是不断强化"大服务"意识，切实履行宣传文化职责。公司健全网格化服务营维体系，落实下基层调研制度，服务地方党委政府、服务千家万户、服务基层一线，省委高清视频会议全省应急指挥系统建成，功能进一步完善；省纪委高清视频会议系统向县（市、区）延伸，建成县级点位300多个，圆满保障了30余次全省性会议召开；建成益农信息点位1.16万个，实现收

入近1亿元,省农委又追加了3000个村建设益农信息社;全省应急广播系统也在有序推进。

2 助力完善公共文化服务,全面发展智慧广电业务

近年来,江苏有线积极参与构建覆盖城乡、功能健全、实用高效的公共文化服务体系。着力解决苏南苏北发展不平衡不充分矛盾,加大苏北落后地区网络双向化改造力度,推进有线电视公共服务均等化;公司为低保户、特困户、五保户、养老院减免费用,保障困难群众、弱势群体公共文化服务权益。2018年,全省实现有线电视"村村通""户户通"覆盖率达92%,8000万江苏人民看上了好看的电视、放心的电视。与此同时,江苏有线主动对接党委政府借助现代化、信息化手段施政为民的需求,在党建、政务、民生、医疗、文化等方面寻找合作点,促进智慧业务蓬勃发展,全面进入社会管理服务、智慧城市、智慧乡镇、智慧社区、政府云计算中心建设等领域,大力推进智慧广电项目建设,助力政府提高公共服务和社会治理能力,同时推进渠道建设、便民服务等方面资源共享。目前,江苏有线共开发出适应江苏省情、具有广电特色的智慧政务、智慧文化、智慧医疗、智慧养老、智慧党建、智慧教育等延伸服务数10项;探索出以洪泽、通州、丹阳为代表的智慧城市模式,以苏州"有线智慧镇"为代表的智慧乡镇模式,以常熟社区公共服务平台为代表的智慧社区模式,全省建成智慧城市6个、智慧乡镇57个、智慧社区342个。

3 着力有线电视业态创新,巩固主流思想文化阵地

强化内容建设,加快业态创新,不仅是应对同质化市场竞争的良方,也是增强用户黏着度的关键。2018年公司上下认真贯彻党的十九大精神,解放思想,转变观念,扎实有序推进各项工作,为公司保持平稳发展作

出了重要贡献。高度重视用户发展，不断巩固基础业务，在行业竞争不断加剧的大环境下，认真开展保用户专项活动，多措并举挖潜力、保用户，全省有线电视用户流失率得到有效控制。2018年，江苏有线把工作着力点放在增强内容集成能力和原创能力上，构建面向多渠道、多终端传播的内容资源体系：一是增加直播频道内容，更大范围传播正能量；二是完善公共服务类内容，围绕党委政府富民工程、特色小镇、党的建设、文明创建、全民阅读等工作提供有线电视服务；三是优化生活服务类内容，打造健康医疗、三务公开、残疾人服务、就业信息、福利彩票、保险超市、交通学习、大剧院等栏目。

通过进一步开放平台，引入业内外、省内外的合作伙伴，江苏有线新业态优势得到进一步巩固。孝乐工程、电影院线、地方新闻三大内容平台受众面不断扩大，影响力持续提升，社会效益和经济效益充分体现。孝乐工程率先探索特色业务"立足江苏、面向全国"的发展模式，2018年4月份举行了"全国推广启动集体签约仪式"，与23家省级广电网络公司签署落地协议。电影院线栏目在尚未实现全省全覆盖的情况下，创造了单次点播业务收入最高的成绩，借助银联、微信、支付宝等便捷支付手段支撑，实现单次点播收入432.1万元，电影院线栏目还受到了省内行业客户高度关注，江苏省邮储银行集团采购协议金额达到1000万元。

4 ｜ 推广"有线宝"专项金融服务，实践"文化＋金融"跨界发展

江苏有线积极探索借力金融资本推动文化产业融合发展，进而转化成文化新经济效益，与江苏省农行共同策划推出"有线宝"专项金融服务。用户通过双方营业网点或江苏农行手机银行，办理人民币3万元、5万元和8万元一年期定期储蓄产品，不但可以获得江苏省农行提供的正常年利率收益，而且对应办理产品档次，还能够分别获得江苏有线赠与的价值300元、500元和

800元的有线电视综合服务，用以支付收视维护费、付费电视和互动电视点播费等，用户也可以将"有线电视综合服务"转赠给亲戚朋友。"有线宝"业务产品基础是银行普通个人储蓄服务，纳入国家存款保险制度，因此没有理财服务所需承担投资风险。自今年8月份在南京上线试点以来，用户累计办理"有线宝"业务5000笔，吸引储蓄资金超过1.8亿元。目前"有线宝"业务正在向江苏全省推广，成为"文化+金融"跨界融合、双轮驱动的一个成功典型。

5 坚持完善内部治理，深入持续强管理提效率

2018年，江苏有线持续加强内部管理，延伸管理深度，挖掘管理潜能，工作效率和效果得到提升。一是顶层设计持续加强。《江苏有线三年发展规划》基本完成，技术、网络、终端等基础工作规划初步形成，已经进入落地推进阶段。二是统一门户系统扩大覆盖。统一门户系统在全省13家市级分公司、60余家县级公司上线，与企业邮箱、项目管理、采购合同管理、工程管理等子系统以及企业微信完成对接，实现统一认证、单点登录，提升了办公效率。三是投资管理更加科学。进一步完善了固定资产投资管理，建立了投资项目后评价制度，对投资项目决策预期效果和项目建成投运后实际效果对比考核，评价结果认定项目造成重大投资损失或投资失误的，将追究项目负责人和项目审批环节责任。四是健全内部绩效考核机制。2018年，江苏有线实现了目标责任书和绩效考核全覆盖，考核结果与薪酬任用直接挂钩。

6 坚持从严治党，抓好党风廉政建设

江苏有线始终坚持以党的政治建设为统领，全面推进党的政治建设、思想建设、组织建设、纪律建设，把

制度建设贯穿其中。江苏有线严格按照中央和省委统一部署要求，深入贯彻落实习近平新时代中国特色社会主义思想和党的十九大精神，扎实推进"两学一做"学习教育向纵深发展，严格落实中央八项规定和省委十项规定精神。一是以落实省委巡视组整改意见为契机，推进各方面问题整改。公司对巡视组反馈意见高度重视，正视问题，刀刃向内，巡视反馈意见细化分解的47个具体问题，基本全面完成整改，取得了阶段性成效。二是加强监督执纪，完善省市县三级纪检网络，强化关键岗位和关键领导监督，准确运用"四种形态"，始终保持对惩治腐败高压态势。三是加强党风廉政建设和反腐败工作顶层设计，出台了《落实党风廉政建设党委主体责任、纪委监督责任实施办法》《纪检监察问题线索处置办法》《廉政谈话工作制度》等指导和规范性文件。

2019年，江苏有线要以实现社会效益和经济效益相统一、发展速度和发展质量相统一为核心，一心一意谋发展、抓发展、促发展。一是作为宣传思想文化的主阵地，必须始终坚持正确的政治方向，把社会效益放在首位，讲政治、顾大局、保稳定、保安全。二是继续坚守安全传输和安全播出的政治职责，安全畅通地传播党的声音，巩固壮大宣传阵地，维护意识形态安全。三是继续坚持文化惠民，积极参与构建公共文化服务体系，提供更多有意义、有品位、有市场的文化服务。四是牢记国有企业责任担当，切实保障困难群众、弱势群体享受基本公共文化服务的权益。五是坚持全面从严治党，保证企业健康发展，引领企业再上新台阶、实现新突破。

（资料提供单位：江苏省有线网络公司）

省演艺集团"两效统一"报告

在省委省政府的正确领导下，在省委宣传部的具体指导下，演艺集团坚持以习近平新时代中国特色社会主义思想为指导，深入学习贯彻党的十九大精神，落实省委"文化建设高质量"部署，落实"两效统一"要求，紧紧围绕"奋进新时代，开启新征程，高质量提升江苏演艺发展水平"这一定位，以打造"三个一流""三个高地"为抓手，积极践行新时代赋予的使命担当。

1 | 2018 年"两效统一"完成情况

「1」艺术创作生产情况

围绕改革开放 40 周年，重点推出话剧《复兴号》、交响诗篇《金陵交响》、民乐《风雅秦淮》、锡剧《大风歌》等剧目，积极参与策划创作江苏纪念改革开放 40 周年大型文艺演出《潮涌新时代》等系列活动。反映南京大屠杀历史事实的舞剧《记忆深处》成为近年来江苏第一个入围中国舞蹈"荷花奖"舞剧评奖的剧目，先后参加了上海国际艺术节，并于 2018 年 12 月 8 日、9 日应邀参加国家大剧院舞蹈节，12 月 13 日、14 日参加"国家公祭日"演出。中篇评弹《大浪淘沙》进京展演，荣获第十届中国曲艺牡丹奖节目奖提名。与昆山昆剧院联合打造的昆剧《顾炎武》有力诠释了"天下兴亡，匹夫有责"的深刻内涵，亮相第七届中国昆剧艺术节和第二届紫金京昆艺术群英会开幕式。3个项目入选国家艺术基金2018年度资助项目，1人入选青年艺术创作人才资助项目音乐作曲类，7个项目入选江苏省艺术基金2018年度资助项目。

「2」参与组织承办重大艺术活动情况

"一节一会"努力作为。参加"2018紫金文化艺术节"，2台剧目在2018紫金文化艺术节上荣获"优秀剧目奖"，3人荣获"优秀表演奖"，1人荣获2018"江苏最美文艺志愿者"称号；承办第二届紫金京昆艺术群英会，新增多个板块，提升专业性和群众参与度，9台剧（节）目参演参评，京剧《向农》、昆剧《幽闺记》《逐梦记》《顾炎武》等4台剧目荣获"京昆艺术紫金奖·优秀剧目奖"，10人荣获"京昆艺术紫金奖·优秀表演奖"；组织策划江苏庆祝改革开放四十周年系列文艺活动之一——《潮涌新时代》文艺演出；歌剧《鉴真东渡》参加第三届中国歌剧节，歌剧《运之河》、话剧《复兴号》、舞剧《记忆深处》和《金陵交响》音乐会等4台剧（节）目入选上海国际艺术节；集团先后参加了第七届中国昆评节、第35届"上海之春"国际音乐节、2018南京历史文化名城博览会等活动；圆满完成春节团拜会、"三下乡"、《思念与前行》——纪念周恩来同志诞辰120周年主题文艺演出等一系列大型主题演出。"扬剧联盟——精品剧目展演"实现了16年来省内6大扬剧团的首次聚首，扩大了剧种影响。

「3」文艺惠民活动情况

集团深入持续开展"深入生活，扎根人民"主题活动。在城市，集团开展4个演出季，以观众需求为出发点，机制更灵活，剧目更精彩，影响更广泛，成功承办南京江北新区2018年迎新春交响音乐会，拉开了江北新区"文化社区行"系列活动帷幕。在校园，集团"高雅艺术进校园"范围不断扩大，活动形式更丰富，满足不同地区、高校和学生需求。京剧《向农》、扬剧《湖湾金秋》分别在高校巡演 23 场和 20 场。国粹京剧传承实践基地设立。在乡镇，锡剧团坚守在宜兴、张家港、泰州、江阴、扬中等地露天舞台上，用中华优秀传统文化感染人、教育人。在社区，扬剧团常年活跃在惠民演出第一线，"剧说传统美德——扬剧社区行""百场公益广场行"等活动深受群众欢迎。

「4」对外文化交流情况

集团积极实施文化"走出去"战略，讲好江苏故事，传播中国声音。作为"吴韵汉风"江苏文化艺术节的重头戏，歌剧《鉴真东渡》赴台湾巡演五场，场场爆满、一票难求，促进了苏台两地深层次交流与融合发展。集团圆满完成"水韵江苏·相约香港"江苏文化嘉年华开幕式演出以及 9 场展示展演的特色演出任务，展现了精致与大气并存、传统与时尚共融的江苏气质。木偶剧团开启中国杖头木偶首次整台赴英国巡演活动，13 天 12 场演出，引发强烈反响，新华社、《人民日报》、人民网、《新华日报》等媒体纷纷报道。锡剧电影《珍珠塔》荣获美国第 15 届世界民族电影节"最佳音乐电影"奖，向世界传播了中国传统艺术。

「5」队伍建设情况

集团挖掘平台潜力，为各门类专业人才搭建多样化舞台。1 人荣获江苏宣传文化领域最高荣誉奖项——紫金文化奖章。集团以先进典型激励人，"黄孝慈戏剧奖"获奖选手培养计划逐步落实；以名家带徒培养人，举办多场艺术家收徒拜师活动，传承经典剧目；以创作实践锻炼人，举办了多场优秀青年演员、演奏员个人专场，让年轻人挑大梁，在重要剧目中担纲重要角色；以学习教育提升人，举办"舞台美术与技术"学术交流会，邀请全国知名专家授课；举办"南昆表演人才培训班"，向优秀青年演员传承南昆技艺，展现南昆风采。

「6」党建工作情况

集团召开党风廉政建设工作专题会议，签订《党风廉政建设责任状》和《落实监督责任责任状》，把党风廉政建设纳入全年目标管理责任考核中，层层传导压力，压紧压实责任；制定《落实全面从严治党主体责任和监督责任清单》，实现了主体责任和监督责任的具体化、制度化、可量化。开展"不忘初心、牢记使命"主题教育，组织专题辅导讲座、"我读马列诵经典"微信朗读、季度"最美的信仰之声"、全面从严治党网上答题、观看主旋律电影等系列活动，党员覆盖率100%；建立廉政档案、强化日常宣教、开展廉政督查，狠抓作风建设各项要求的落实，建立信访台账，做到件件有落实、有答复、有结果；加大对党员干部特别是领导干部"八小时外"活动的监督，把意识形态工作纳入党委重要议事日程和年度工作要点，纳入党建工作责任制，纳入领导班子、领导干部目标管理中，成立意识形态责任制工作领导小组，明确党委书记为第一责任人，明确领导班子、领导干部意识形态工作职责和要求；制定《江苏省演艺集团党委意识形态工作制度》《江苏省演艺集团关于意识形态工作责任制实施细则》，牢固树立抓意识形态工作是本职、不抓是失职、抓不好是渎职的理念。

「7」制度建设情况

集团增补并修订完善了《集团落实党风廉政建设责任制及考核实施办法》《集团领导干部廉政档案管理规定》《集团内部管理领导干部经济责任审计实施暂行办法》等具有全局性、原则性、专题性的制度。

「8」深化改革推进情况

集团坚持以改革促繁荣、促发展，在理念创新、机制创新、厚植动力上狠下功夫，加快推进各项深化改革举措落地。集团增加 2 亿元注册资本金经费已由省财政厅拨付到位。在省委宣传部主要领导的关心下，演艺排练中心建设正加快推进。集团认真做好职工"五险一金"信息采集和数据测算工作，按政策为员工缴齐、缴全"五险一金"，并解决了员工实发工资下降的问题。紫金大戏院和江南剧院的除险改造申请已上报省政府，正在接受省发改委和省财政厅的前期论证。舞美器材、演奏乐器更新公开招标采购工作基本完成。以强化院团主体地位为目的的"一团一策"改革工作，经集团领导班子研究，将在部分院团先行试点。

2 面临挑战和下一步深化改革思路

党的十八大，特别 2018 年以来，集团始终坚持把社会效益放在首位，努力实现社会效益和经济效益相统一，但不可否认的是，对照中央和省委的要求，尤其是文化高质量发展要求，还有很多差距和不足。主要表现在以下几个方面：一是具有国家水准、江苏特色、影响深远的"高峰"作品和人才还未出现；二是青年艺术人才队伍建设虽有所加强，但拔尖人才数量还不多；三是艺术创作生产投入机制还不够完善，存在不平衡、不充分问题；四是演职员工收入待遇与省内外同类院团相比基础性保障难以满足期待；五是考核机制还有待深化改革，需要在差异化考核机制上进一步量化完善。

2019 年，集团将按照"两效统一"的要求，继续深化改革，努力创作出更多无愧于时代、无愧于人民的优秀文艺作品，奋力书写好新时代江苏演艺新篇章，为"强富美高"新江苏建设作出新的贡献。

一是围绕重大节点，狠抓主题创作。按照"创作一批，投入排演一批，加工打磨一批，挖掘传承一批"的要求，落实 2019—2021 年创作规划，围绕新中国成立 70 周年、全面建成小康社会、建党 100 周年等重要节点，提前谋划革命题材、现实题材、历史题材的优秀舞台作品。2019年，我们将重点打造歌剧《周恩来》、京剧《钟山风雨——陈修良》《爱心驿站》、扬剧《李银江》、中篇弹词《钱学森》等一批讴歌党、讴歌祖国、讴歌人民、讴歌英雄的作品。做好歌剧《鉴真东渡》《拉贝日记》分别赴美国、德国巡演相关工作。

二是拓展人才培养引进途径。通过举办首届音乐舞蹈大赛，培养选拔优秀青年歌舞人才。通过广泛招募和人才交流，重点引进集团急缺人才。通过校企合作，定向培养京剧、昆剧、锡剧、扬剧等戏曲后备人才。继续为优秀青年演员举办个人专场，并安排在重点剧目中担纲主演，把经典演绎与人才培育结合起来。继续依托"百名人才"计划，引进高端紧缺人才。

三是坚持文艺惠民、文艺为民。认真学习贯彻习近平总书记关于做新时代"红色文艺轻骑兵"的重要指示精神，大力实施江苏演艺"红色文艺轻骑兵"进企业、进农村、进机关、进校园、进社区、进网络，在服务人民、造福人民中繁荣发展社会主义文艺。

（资料提供单位：江苏省演艺集团）

省文化投资管理集团"两效统一"报告

2018年，集团坚持以习近平新时代中国特色社会主义思想为引领，按照"文化建设高质量"的要求，认真落实中央和省委省政府相关文件精神，坚持把社会效益放在首位，积极抢抓大运河文化带建设等重大发展机遇，切实履行大运河文化带建设投融资、管好用好江苏大剧院和文化产业投融资大平台三大任务，扎实推进各项工作，努力在推动两个效益相统一中走在前列。

1 坚定履行文化使命，推出高质量的演出、活动

集团牢记传承传统文化、弘扬核心价值、提升民族素质的使命担当，坚持以人民为中心的工作导向，提供精品优质的演出巡演、丰富多彩的艺术活动、内容广泛的艺术普及，不断满足人民群众多元多样多变的文化需求。至2018年10月底，剧院演出及重要活动完成演出类176场、会议类48场、艺术教育58场、展览31场，共计3.2万余名孩子走进剧院接受艺术启蒙，12万人次的观众享受到了大剧院艺术殿堂的魅力。

「1」加强精品剧目引进，精心组织品质演出

集团在剧目引进和演出策划上，"质""量"并重，强调"量"的厚度，强调"质"的深度。在控制成本、

科学论证盈亏比的前提下，严格选择引进剧目，注重剧目的品质、品位、品格，力邀国际名家、名作、名团来大剧院演出，进一步增强大剧院剧目的市场性；甄选引进中央芭蕾舞团《红色娘子军》、西德广播交响乐团与合唱音乐会、国家京剧院《穆桂英挂帅》、世界经典原版音乐剧《猫》等优质剧目；联合世界著名的马林斯基剧院、"指挥沙皇"捷杰耶夫创造性举办首届"江苏大剧院·马林斯基剧院艺术节"，剧目种类丰富，如歌剧《托斯卡》《麦克白》、柴可夫斯基芭蕾舞剧《天鹅湖》、柴可夫斯基主题音乐会、拉赫玛尼诺夫主题音乐会、小型声乐及室内乐演出，水准高超，让江苏观众不走出国门，即可欣赏世界级精品歌剧；精心策划举办"普惠于民·城市音乐会""江苏大剧院第二届新年音乐会"（年底即将举办）等高品质演出云集的艺术盛会，集中力量打造演出精品高地。

[2] 艺术活动精彩纷呈，重大任务活动保障有力

集团积极组织艺术普及教育，新发展 3 所艺术普及试点学校，持续组织"经典艺术讲堂""爱艺计划"导赏活动、"来水滴里听歌剧/音乐"等艺术普及活动，并整合南京高校艺术资源，举办"2018 江苏大剧院小剧场高校话剧展演周"，为广大青年戏剧爱好者以及高校戏剧表演提供更广阔的平台。

集团承办的第五届"紫金奖"文创大赛如火如荼进行中，已进入作品评选阶段。集团成功举办青春飞扬·2018 江苏大剧院首届中国青年版画家提名展、桃花盛开·2018 首届中国版画作品展、"一带一路"亚太艺术展等全国性版画展，以及"云卷云舒"——陈国欢、刘灿铭书画作品展、融合——南京市对外文化交流中心、总统府书画院名家作品展等学术性展览。桃花盛开·2018 首届中国版画作品展圆满完成重庆、贵州的国内巡展，同时成功在美国纽约举办了"版迹时韵：纽约当代中国版画展"，将中国传统的版画艺术带去了大洋彼岸，实

现"走出去"。笔墨当随时代、弘扬新金陵画派精神采风写生创作活动作品被列入 2018 中国美术馆新年展。集团还策划举办首届"非标艺术"文创集市，通过集市来进行文创产业的发展和推广。

集团圆满完成重大任务活动保障。完成"2018 年省两会""2018 年南京市名城会开闭幕式""江苏省优秀剧目展演""2018 紫金文化艺术节""第二届京昆群英会""2018 腾讯全球合作伙伴大会""改革开放 40 周年江苏文艺成果展"等重要任务活动的落地保障。

「3」做好自制剧目巡演，原创品牌成果初显

集团积极响应国家弘扬中华传统文化的号召，开展"戏曲"进校园工作，大剧院首部自制剧《青衣》走进北京大学、南京大学、南京艺术学院等 10 所重点高校进行戏曲普及演出，演出 27 场，在青年观众中引起较大反响，好评无数。原创歌剧《拉贝日记》作为第三届中国歌剧节闭幕式的演出剧目，2018 年 4 月获得国际歌剧大奖入围奖，在省委宣传部的支持下率先启动欧洲巡演计划，提前做好巡演第一站德国国家歌剧院、德国汉堡歌剧院的技术对接及调研，剧目复排正稳步推进中，为下一步的巡演打下坚实基础。

2 | 聚焦主业发展定位，做深行业、做亮特色

集团坚持发展为第一要务，围绕政府赋予的三大职能，立足定位、聚力主业、聚焦创新，大运河文化带建设精心谋划，大剧院运管稳中有升，投融资平台运营各具特色，经营业绩稳步增长、资产稳中有升，保持稳健发展态势。截至 2018 年 10 月底，集团实现合并报表营业收入 1.24 亿元，为上年同期的 2.2 倍，利润总额 4450.38 万元，为上年同期的 1.8 倍；集团总资产 36.85 亿元，较上年末增长 15.8%，净资产 23.23 亿元，较上

年末增长 1.6%。

「1」以大运河文化带建设为契机，主动担当履行新职能

集团紧紧抓住大运河文化带建设这一历史机遇，围绕省委省政府战略部署，就大运河文化旅游发展基金的发起设立进行了研究论证，设计提出了增加集团职能和发起设立基金的建议方案，经主管部门上报省委省政府并获批，使集团获得新的职能、新的主业和增量资金。集团在方案获批后迅速谋划并启动各项工作，一是用最短的时间迅速成立了大运河文化旅游投资管理公司，现已获得私募股权投资管理人资格。二是拟定基金管理办法及相关工作规则和基金管理委员会及办公室建议人员名单、基金合伙协议，通过上级主管部门正上报省政府。三是积极对接沿线城市，各地二级母基金、子基金的设立规模、设立类型、出资主体、管理方式等基本形成，正在推进报批中。四是对接多方机构，构建以项目信息为纽带、产业投资为核心、资源资金相结合的大运河投融资服务平台，谋划发起设立大运河文旅联盟，聚合多方智慧和资源，打造运河文旅产业生态圈。目前正全力加速推进各项工作任务，年内完成基金成立揭牌。

「2」以打造核心竞争力为目标，提供优质文化金融服务

股权投资（文投资本）方面，集团深挖细分子行业，绑定行业头部和细分市场龙头，积极推进基金组建和项目投资落地，搭建演艺基金、影视宣发基金，影视内容基金投资电影《西游记女儿国》《一出好戏》，演艺基金完成陈小春、久石让等演唱会项目投资，投资电视剧《带着爸爸去留学》，推动聚橙剧目基金的设立，积极推进教育产业基金的设立。债权投资（华文租赁）方面，集团深耕文旅行业、服务公共事业，开发项目中文旅类项目占比 45%、江苏省内项目占比 63%，加大大运河文化带建设相关文旅项目的投放，成为文化细分行业的优质债权金融服务商，行业特色更加凸显，至 2018 年

10月底，公司共投放项目10个、投放金额合计12亿元；面对严监管的金融态势，集团积极应对，不断跟踪了解各家银行的政策走向，积极主动开拓新融资渠道，创新融资模式，确保业务投放的资金保障，同时集团加强投放行业深度研究，形成高质量的研究报告，为业务开展提供了有力支撑。文化产权交易（省文交所）方面，集团回归主业，推进国有文化产权进场交易，承接文化产权（股权）转让、增资、租赁挂牌业务共10笔，已完成和正推进中的交易金额近1.3亿元，文化招投标业务取得政府采购项目代理资格，业务开展仅9个月就完成30个招标采购代理项目和3个咨询项目，研究影视交易和版权登记贸易及文化投融资流转服务，完成普通著作权审核登记700余件，软件登记11件，做好邮币卡新老平台对接的有关工作。

「3」以精品多样高质量为要求，提升文化消费服务水平

江苏大剧院重大活动、剧目演出、原创推广、艺术教育及经营、公益活动、产业推广、舞台技术、运营保障等多管齐下、齐抓共管，通过丰富多彩的艺术演出、内容广泛的艺术普及、创兴发展的产业运营以及剧院艺术理念，树立经典、原创、惠民、时尚、安全的剧院品牌形象，截至10月份，完成各类演出及重要活动313场，实现江苏大剧院在国内较高的影响力、知名度和美誉度。紫金文创园今年开始步入运营管理阶段，工程验收、招商入驻、举办活动、运管维护全面推进，结合园区定位，精准招商、专业招商、自主招商，引入知名儿童早教品牌、亲子游泳俱乐部、高端芭蕾培训机构、设计机构和优质科技企业，承办园林艺术展、花卉园艺工、书画摄影大赛等活动，拓展文化服务载体，实现文化资源落地。大文网文化人才招聘、文创产品服务两大业务共同发力，策划承办的江苏紫金文化人才引进计划成为江苏文化人才引进品牌工程，列入省委宣传部年度规划，第二季活动正式启动，参与企业数百家，首批岗位1000多个，

截至 2018 年 10 月底，平台线上入驻企业 2000 多家，累计发布岗位 1 万多个；文创产品服务围绕大剧院精品剧目、时尚非遗、IP 原创、文博衍生等供应链进行拓展和开发合作，"城市光点"计划顺利推进，正式签约咖啡馆、书店、茶社等 15 家合作店面，线下水平方、大剧院、吾悦广场 3 家自营门店日均客流量 5 万人次，线上商城开设类目频道 13 个，SKU1000 余种，注册会员人数 5 万。

（资料提供单位：江苏省文投集团）

陆

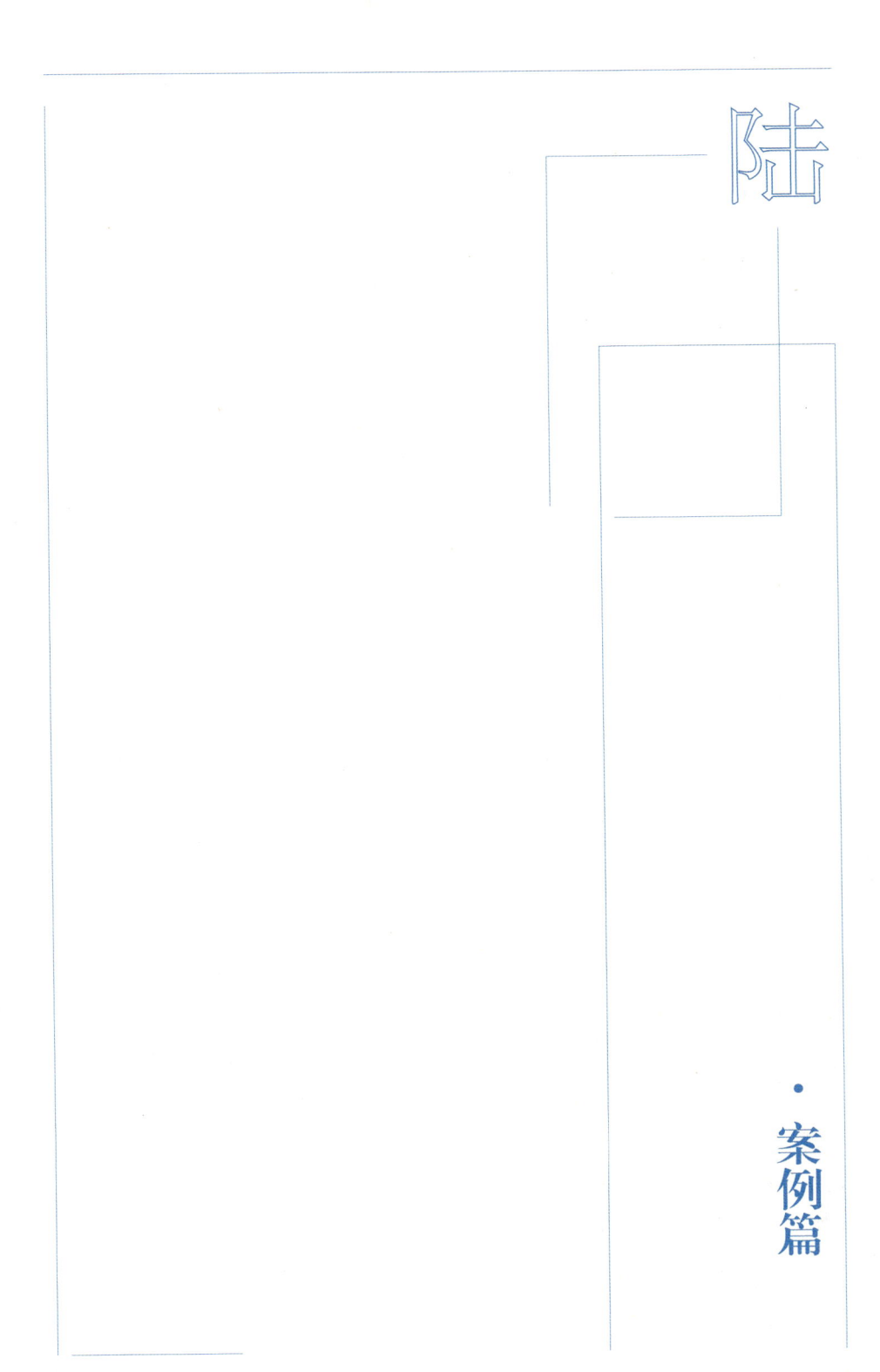

·案例篇

苏州新设院团探索理事会法人治理结构

2017年以来，苏州围绕满足人民群众对美好文化生活的新期待，以改革的思路、创新的办法，组建和运行苏州交响乐团、苏州民族管弦乐团，举办了一系列高水平演出，得到了广大观众认可，成为院团改革发展的一张名片。2017年苏州交响乐团举行音乐会67场，开展33场公益性艺术普及活动，参加市民8000人次、线上观众近3万人次，并赴法国、德国开展欧洲巡演。苏州民族管弦乐团自2017年12月建团至今，已举办一系列大型音乐会，场场观众爆满，节目网络平台点击率达156万次。两个乐团建设、管理和运行的主要特点如下：

1 内部实行企业化管理运作

两个乐团定位为公益性国有企业，工商登记注册，采用企业财务报表和企业用工制度；全面实行聘用制，由艺术总监主持业务考核，通过定期考核、保持10%左右的年更新率；人员实行年薪制管理，薪酬水平实行市场化定价、精细化管理，并按照当地最高社保交费；告别传统薪酬管理体制，建立"多演多得、优演优酬"激励机制。乐团为减少高质量乐器采购成本和维修费用，还借鉴国外乐团普遍做法，对专家组认定合格的乐手自带乐器给予租借补贴，节省成本约3000万元。

2 外部采取理事会管理方式

两个乐团定位为市、区共建的市级文艺团体，在苏州交响乐团理事会、苏州民族管弦乐团理事会领导下，实行理事会领导下的总经理负责制；理事会成员由市、区有关领导及相关部门干部和部分艺术家组成，同时市、区委派人员组成监事会。两个院团分别由辖区宣传部作为公司的主管及考核部门。

3 政府予以全额、全力保障

两个乐团的支出都采取年度预算方式，市、区两级财政审定乐团预算后，按1∶1比例分担，予以财政兜底；2018年江苏省委宣传部还专门划拨500万元专项资金用于乐器采购。市委市政府要求对院团发展给予"历史耐心"，在3—5年的培育发展期，不对乐团进行有关国有资产的经济效益考核。同时，两个乐团都由所在地区无偿提供专业演出场所和物业支持。

（报送单位：江苏省委宣传部 苏州市委宣传部）

南京市大力推进文化金融普惠·文化企业

针对文化企业，特别是小微文化企业普遍存在的"融资难、融资贵"问题，南京市不断探索，紧紧抓住政策、平台、银行、信用、培训五个关键点，大力推进文化金融融合发展，服务广大文化企业。

1 出政策，强化文化金融扶持

近年来，在具体操作层面，南京市陆续下发了《南京市文化产业投融资体系建设计划》《南京市科技银行创新发展实施办法》（文化银行同等覆盖）《关于鼓励和促进文化银行发展的实施办法（试行）》《南京市文化银行贷款风险代偿操作细则》《南京市文创天使跟投引导基金管理暂行办法》等一系列政策文件。随着文化产业的发展态势，进一步增强政策扶持力度。2017年出台的《关于深化金融支持科技创新创业的若干意见》，再一次强调科技金融政策同等覆盖文化金融，释放政策利好，加大风险补偿和利息补贴力度，明确利息补贴增加为20%—40%，风险补偿由市财政承担80%，有力推动金融机构支持文化产业发展。

2 | 建平台，整合文化金融服务

依托南京市文投集团组建全国首家具备综合功能的文化金融服务中心。中心与全市 12 个区、27 个市级以上文化园区、11 个行业协会、84 个街道和 110 个信息专员建立密切联系，搭建专属 QQ 群和微信平台，形成一张覆盖全市的文化金融服务网，服务全市文化企业金融需求，目前文化企业资源库入库企业 2810 家。中心还以小微文化企业金融服务券为抓手，实行"金融服务一站通"。服务券除了具有贷款贴息这一主要功能，还支持其他诸如文化金融中心绿色通道、省文交所服务价格优惠、"创意南京"融合平台服务等辅助功能。

3 | 选银行，引导文化金融机构

根据《南京市文化产业投融资体系建设计划》，市委宣传部、市文广新局、市金融办、市财政局、市科委、人行南京分行营管部等六部门联合遴选文化银行，目前已遴选出三批共 10 家文化银行。同时，每年对文化银行进行综合考核，从文化银行信贷支持、优惠支持、改革创新、日常管理等四方面 15 项指标进行定量与定性相结合的评价。根据综合考核得分情况对业绩突出的文化银行进行表彰，对连续两年排名末位的文化银行责令整改，对整改未达标的银行取消文化银行资格。通过定期遴选考核机制，激励和督促文化银行坚持"专营化、专业化"发展方向，落实普惠金融，扎扎实实为小微文化企业服务。截至 2018 年 10 月底，累计发放贷款 127.06 亿元，服务企业 3793 批次，户均 452.16 万元。其中基准利率贷款 54.67 亿元，占比 43.03%；信用贷款 23.52 亿元，占比 18.51%；初创期、成长期文化企业贷款 109.39 亿元，占比 80% 以上。

4 | 增信用，创新文化金融产品

为加大对文化企业的信贷支持，突破传统以抵质押和担保为主的贷款方式，南京市设立基于大数据信用的"文化征信贷"风险补偿机制，对于有关合作银行主要依据大数据信用分析结果发放贷款产生的实际损失，降低银行损失分担比例至10%。截至2018年10月底，对以企业日常经营数据为基础计算企业信贷额度的"文化征信贷"产品，出具信用报告134份，25户次企业完成授信放款，合计3450万元（含180万授信），户均138万。针对小微文化企业轻资产特性，南京市进一步探索开展"千企信用评级计划"，编制文化企业信用评价体系，通过大规模信用评级，推动市场、企业、政府认可信用、运用信用，提高小微文化企业在贷款融资、项目招标、政策扶持等方面的竞争力。

5 | 办培训，提升文化金融素养

专门委托文化金融服务中心、金梧桐创学院定期组织文化企业、文化金融机构参加各类文化金融培训和游学活动，既有"请进来"的文化企业财务专场培训会、文化企业投融资实操培训班、文化金融系列主题讲座，也有"走出去"的文化金融融合团组台湾行、连续举办五届的文化金融高级研修班等，目前已举办各类培训活动20余场，培训学员1000多人次。通过"请进来"和"走出去"，提高了文化企业家的金融素养和金融工作者的文化内涵，促进双方获取信息、完成融资的效率和质量不断提高。

（报送单位：南京市委宣传部）

南京、苏州创新文化消费试点模式

江苏创新方式方法，省市联动，探索开展拉动城乡居民文化消费试点，引导和扩大文化消费。南京、苏州被认定为首批国家文化消费试点城市，其文化消费试点模式得到国家文化和旅游部认可。

1 政策引领、财政保障

江苏省出台《关于推进现代公共文化服务体系建设的实施意见》，探索开展文化消费，南京、苏州等地出台了有关的实施意见和实施办法，比如《南京市引导城乡居民扩大文化消费实施意见》《苏州市开展引导城乡居民扩大文化消费试点工作方案》等一系列政策。省级财政对紫金文化艺术节、京昆艺术群英会等重大活动实行票价补贴，最低票价 30 元，最高只有 80 元，大量的美术展、摄影展等活动免费开放。2017 年南京财政投入 1500 万元专项资金进行试点，苏州每年 2000 万元的文化消费专项资金，采用直接补贴与奖励相结合方式，坚持不干预市场、不限定范围，将财政文化消费专项资金补贴给文化市场的供给端和消费端。

2 搭建平台、活动引领

搭建线上线下相结合的数据平台，以大数据平台为主体，调动各方力量办好文化消费月活动，加快培育苏州创博会、南京文交会、常州动漫周、徐州文博会等一批江苏特色文化展会，专题设立文化消费专区，引导文化消费。南京搭建了集政策查询、消费信息资讯、消费补贴发放、文化消费数据采集等多种功能于一体，满足政府、商户和消费者多方需求的"一站式"服务平台——"国家文化消费试点城市（南京）智能综合服务平台"，并先后在 80 余家省市级媒体、网站、微信公众账号推广，编制印发《南京城市文化消费指南》12 期 12 万册，覆盖人群超过千万人次；苏州搭建了与 600 多万张苏州市民卡打通的文化消费大数据平台，联接了 159 家文化消费网点。苏州根据大数据平台数据分析报告，每年有针对性的集中开展两次、每次为期一个月的文化消费活动，投入 100 万元宣传经费，集中开展便民、利民、惠民的文化消费活动，营造全民参与文化消费的"嘉年华"活动。

3 │ 加大供给、重点推进

江苏进一步完善文艺精品创作生产和扶持奖励机制，出台《江苏文化人才高质量发展三年行动计划》《实施江苏文艺"名师带徒"计划工作方案》，省级宣传文化专项资金设立每年 6000 万元以上资金的优秀文艺成果奖励、文艺精品剧目剧本扶持，文化部门每年 5000 万江苏艺术基金支持文艺精品创作。将江苏文化艺术节和江苏艺术展演业合并整合为紫金文化艺术节，同时举办京昆艺术节、南京森林音乐节等活动，加大优质文化精品供给。南京出台《南京市促进演出市场消费实施办法（暂行）》，先行试点演出市场，对剧目按 5%—50% 比例原则直接补贴票价，遴选了《白鹿原》《千手观音》《戏台》《疯狂太空城》《猫》《无人生还》《平凡世界》等一批经典演出参与到文化消费活动中，得到城乡居民的追捧。

（报送单位：南京市委宣传部、苏州市委宣传部）

无锡全力打造国家文化出口基地

2018年6月，无锡市凭借集聚度高、特色明显的文化产业尤其是影视文化产业及贸易的显著优势，成功入选首批13个国家文化出口基地，是江苏省唯一一个入选基地，也是名单中少数以全市均衡实力入选的基地。这标志着无锡市在"文化强市"战略目标的基础上，探索更高层次上参与国际文化合作和竞争、打响"无锡文化"国际品牌的道路上走出了坚实一步，文化贸易正成为无锡经济国际化发展的新名片。

1 | 注重特色引领，谋求多元发展格局

本着"自主创新、重点突破、集聚发展、市场主导、政府推动"的原则，无锡市以文化创意产业作为抓手，营造良好的发展环境，狠抓特色行业发展，鼓励引导企业扩大文化出口。目前已初步形成以影视文化制作交易、网络文化传播、创意设计、特色民族文化产品、文化旅游等领域为代表的特色鲜明、发展多元、融合创新的文化贸易发展格局，涌现了一批品牌企业。比如倍视文化视觉效果制作项目2018年上半年出口金额达69万美元；慈文传媒连续三届被评为"国家文化出口重点企业"，成为中国故事走向世界的重要窗口和桥梁；以九久动画、旭阳动画、马良动画、好莱坞数码为代表的动漫企业发展迅猛，2018年上半年实现动漫出口218万美元。以

蛮荒网络、要玩娱乐网络、天游网络、尚锋数码为代表的网络文化企业，2018年上半年共实现网络游戏出口28.42万美元。

2 聚焦载体建设，打造集群发展航母

一方面，加强重量级园区（基地）培育建设，形成一批特色化、专业化、国际化的文化贸易载体。比如重点打造无锡国家数字电影产业园、无锡（国家）工业设计园、无锡国家动画产业基地、无锡国家动漫游戏产业振兴基地、无锡国家广告产业园、"智慧无锡"文化创意园等一批创新型专业特色园区，充分发挥其产业凝聚力和示范带动作用。另一方面，加强公共服务平台建设，不断提升文化贸易效率。比如大力筹建数字影视制作及相关服务、外观设计专利信息中心、动漫作品版权服务、超级云计算中心、新媒体技术等多个公共服务平台，为文化贸易企业提供有力的技术支撑和服务保障，有效降低了企业的运营成本，提高了运营效率。

3 加大金融支持，助推企业做大做强

一是围绕国家和省制定的各类文化产业扶持政策，加大金融政策扶持力度。无锡探索制订对重点文化贸易项目和企业的投资补助、财政贴息、出口信保保单融资等有效举措，并用足用好在税费、资产、土地、工商等方面的优惠政策。二是发挥特色文化金融机构优势，探索实施知识产权贷款及其他非抵押类贷款新模式。无锡市近年来鼓励支持专业文化金融机构——无锡农村商业银行太湖文化支行拓展业务，专门推出影视传媒贷、创意设计贷、文化旅游贷、广告出版贷和动漫网游贷五大金融产品，为更多文化创意企业贷款开设"绿色通道"，并与多家银行合作，推动全市8家银行纳入信保基金，大大拓展中小文化企业的受惠面。三是引导社会化资本

投入，发挥各类文化产业基金助推合力。无锡市实施政府风险投资委托管理机制，成功构建集政府基金、社会资本、民营资本于一体的多元化产业发展投融资平台，并借助无锡国家数字电影产业园优势，引进一批影视基金入驻，为影视企业的发展提供有力的资金支撑和金融服务。

4 加强人才建设，夯实产业发展根基

一是积极构建政产学研新模式，加快发展文化创意高等教育和职业教育。无锡先后与北大、清华、复旦、上海交大、同济、南大、东大、中科院等一流院校和科研院所签订合作协议，成功建立系列人才培训基地，为企业输送各类影视专业人才；新设或调整一批符合文化市场需求的实用性专业学科，重点加强创作、技术、管理等专业人才的培养。二是重视文化人才引智工程，吸引高层次文化产业领军人才和文化界名流来锡创业。近年来，无锡依托"千人计划""333 工程""太湖人才"等计划、"百千万人才工程"等项目，采取智力引进、业余兼职、人才签约等柔性引进方式，加大对国内外文化创意领域设计、研发、管理等高端人才的引进力度。如央视国际网络、天脉聚源、艾德思奇等企业均由"530"人才工程引入高层次人才和团队创立，无锡国家数字电影产业园已吸引著名导演冯小宁、著名儿童文学作家杨鹏等工作室入驻。三是鼓励文化贸易企业自主培养人才和建设实训基地。市委市政府研究出台扶持政策，不断完善企业人才教育和培训的财政保障机制，有计划、分层次地做好文化贸易从业人员的教育培训工作。

（报送单位：江苏省商务厅 无锡市委宣传部）

戏曲现代戏创作的"盐城现象"

近几年来，盐城市文艺作品始终坚持以人民为中心的创作导向，坚持以改革为动力，紧贴时代、扎根群众、深入生活，不断推出以现实题材为主的舞台艺术优秀作品，实现了精品力作不断涌现、戏剧生产持续繁荣的可喜局面。淮剧《送你过江》《十品半村官》荣获2018紫金文化艺术节优秀剧目奖，4部剧目被列入省文化厅现实题材舞台艺术创作计划，其中淮剧《十品半村官》入选文化部2018年现实题材舞台艺术创作计划,淮剧《小城》入选2018年国家艺术基金资助项目。

1 完善创作机制，提升艺术原创能力

经过多年的实践，盐城市总结出"春耕、夏耘、秋收、冬储"的戏剧创作"四季歌"，唱响了戏剧创作的"盐城现象"。一是坚持遵循艺术规律。盐城市每年春季召开创作题材规划会，明确创作方向；年中组织专家对剧本的提纲、初稿反复研讨，打磨提升作品质量；秋季举办新剧本通稿活动,对新创作的剧本进行全面剖析；冬季举办新剧本评奖，每年均有30部左右大（小）戏作品参评。2018年全年新创作大戏17部、小戏23部。二是推动作品价值转化。盐城坚持每两年举办全市新剧目调演，9个县（市、区）均有新创剧目参演，广泛接

受观众检验，不断打磨提升，确保戏剧生产"规划一批、创作一批、打磨一批、推介一批"。盐城每年创作的作品不但能满足市内剧团排演要求，而且通过优秀剧本推介活动进行"剧本输出"。近5年盐城市剧作者创作的剧本，搬上市内外舞台的达64部。2018年，有4部作品入选国家艺术基金资助项目，2部入选全国基层院团会演，2部入选"戏曲剧本孵化计划"，13部入选江苏艺术基金资助项目。三是坚持走进基层、贴近群众。盐城组织剧作家常态化开展"深入生活、扎根人民"活动，通过采风、驻点等方式，深入工厂、农村、学校、部队及剧团，与群众、演员面对面交流，让自己的作品在改中演、演中改。如《小镇》先后经过20多次剧本修改，其中公演前剧本修改了13次，搬上舞台后又有6次较大修改，是"磨出来"的精品。

2 建立激励机制，为艺术创作提供政策保障

将艺术创作生产纳入文化工作和精神文明建设的重点考核内容，建立艺术生产激励机制和考核评价体系，为戏剧创作生产营造良好发展环境。一是强化政策引导。盐城市先后设立精神文明建设"五个一工程"奖、"政府文艺奖""盐渎文化奖章""盐渎文化新人奖"，设立500万元文化惠民和舞台艺术精品工程专项资金，对艺术精品和取得优异成绩的创作表演人才实行重奖。二是打造特色活动。盐城精心组织盐城市艺术展演月、全市新剧目调演、小戏小品展演、"五个一工程"优秀作品巡演等艺术品牌活动，承办省淮剧艺术展演月、省艺术展演月分会场等活动，加大优秀文艺作品的展示推介力度，不断激发本地作者创作热情。三是推动艺术创新。各院团把出人出戏出精品作为自身发展的首要目标，实行艺术精品生产、文化产业提升、艺术人才培养、非遗文化传承四轮齐转的运行模式，迸发出新的活力。地方风情音画《水边是我家》在国家大剧院上演，诗词歌赋

杂技《小桥·流水·人家》创新了杂技表现形式。中国戏曲现代戏研究会年会有两次在盐城市召开，专题研究盐城戏曲现代戏创作现象。

3 强化队伍建设，着力培养高素质艺术人才

　　成熟的机制为盐城戏剧发展提供了坚实的人才资源保障。一是健全创作机构。全市每个县（市、区）都有隶属于当地文化行政部门的剧目工作室。在历次机构改革中，坚持对剧目创作机构做好"加法"，保证了机构不减、队伍不散，并逐步形成了戏曲创作专业人员有机构、兼职人员有补助、业余人员有奖励和后备人才有"编制"的"四有"人才保障机制，一支老中青相结合、专业业余相促进的戏剧创作生产队伍常年活跃在江苏乃至全国剧坛上。二是注重以老带新。多年来，盐城市一直保持着一支稳定的专业戏剧创作和表演团队。以国家一级编剧陈明、徐新华、贺寿光、姜邦彦、孙茂廷、杨蓉，国家级非遗传承人裔小平，戏剧梅花奖得主陈澄、陈明矿、王书龙等为代表的资深戏剧人，他们在自己创作表演的同时，毫无保留地向年轻人传授，倾心培养新人。为加强青年演员队伍建设，盐城市由财政出资，为专业艺术院团培养了200余名小学员，目前不少学员已能登台表演。三是大力引培骨干。通过内培外引塑精英，传帮结带出新苗，高校培养育后人，不断优化艺术人才队伍结构。盐城定期举办戏剧创作培训班，重点培养中青年作者，打造创作主力军；聚合老牌作者，为盐城戏剧锦上添花；同时通过每年举办"金菊杯"小戏、小品征稿，不断发掘新人，壮大专业队伍。

（报送单位：盐城市委宣传部）

江苏深化文化市场"放管服"改革

2018年11月6日，江苏省文化和旅游厅与江苏省编办联合下发了《关于深化文化市场"放管服"改革的意见》。这是江苏省级机构改革后出台的首个深化"放管服"改革意见，也是贯彻省委省政府最新部署和全省宣传思想工作会议精神的实际行动。

1 简政放权激发活力和动力

进一步降低企业投资创业门槛，申请设立互联网上网服务营业场所、娱乐场所以及含互联网上网服务和歌舞、游艺娱乐的文化娱乐综合体，其实际经营区域出入口与中小学校园主门的交通行走距离超过200米（含200米）即可设立；推进"158"改革，承诺文化市场行政备案类事项办结时限缩短至1个工作日，变更、延续、注销、补证类文化市场行政许可事项办结时限缩短至5个工作日，其他文化市场行政许可事项办结时限缩短至8个工作日；深化"不见面审批"改革，大力发展面向移动互联网的政务服务应用，力争80%的文化市场行政审批事项实现"不见面审批"；推进跨部门联合审批改革，对涉及大型演出活动、互联网上网服务营业场所以及娱乐场所等行政许可审批事项，建立多部门联动机制，对接文化、公安、消防、市场监管、环保等部门，促进信息互联共享，将行政审批机制的串联模式调整为并联模式，实现"一窗受理、集成服务"。

2 创新监管突出公平和秩序

创新监管理念，要求各级文化行政部门和综合执法机构对文化市场出现的新业态加大行政指导力度，建立健全容错纠错机制，对发展中出现的轻微违法违规当事人采取教育或约谈的方式责令改正，对屡教不改的违法违规当事人依法处理；创新监管机制，构建以日常巡查为基础、其他监管方式为补充、重点领域监管为抓手、联合监管为推力、信用监管为保障的新型监管机制；实现执法信息整合共享，建立专业人才队伍，培养业务骨干；进一步优化现有平台，加大数据共享与交换力度，解决"信息孤岛"问题，横向打通公安、消防、市场监管、环保等有关部门信息渠道，纵向连接部、省、市、县四级文化行政部门信息平台，形成立体化、全覆盖的文化市场执法数据共享交换体系。

3 优化服务催生便利和品质

一是开展"减证便民"行动，对文化市场行政许可事项证明材料加大清理力度。二是进一步优化营商环境，将"绿色网吧"等文化市场转型升级示范企业列入信用"红名单"，各类扶持政策和各级现代服务业（文化）发展专项资金对其加大支持力度；演出诚信经营单位等"红名单"企业在申请举办营业性演出时，可不再提供文艺表演团体、演员的演出协议，仅需提供参加演出同意函，减少对"红名单"企业执法巡查力度，除举报外，一年随机抽查次数不超过两次。对列入"黑名单"与警示名单企业加大执法巡查频率和处罚力度，并将其作为重点执法巡查监管对象。三是全面推进文化市场转型升级，加强文化娱乐产品内容建设，积极培育"文化市场+旅游""文化市场+城市品牌""文化市场+文化遗产""文化市场+特色小镇"等新模式,推进文商旅融合发展。四是引导文化市场主体加快品牌建设,以推进大运河文化带建设为契机,鼓励文化市场主体充分发挥自身优势,积极参与大运河文化带配套旅游、娱乐产业建设,打造别具特色的演出活动、娱乐场所、互联网上网服务营业场所和文化娱乐综合体等;加快文化市场品牌建设,指导市场主体在品牌宣传、包装、服务质量和产品品质上提升标准,培育一批含金量高、影响力强的文化企业品牌。五是提升文化市场综合管理能力,理顺各职能部门在管理文化市场和服务文化企业的权责关系,提高各部门行政服务效能,不断深化改革内涵,确保文化市场综合管理协调推进。

(报送单位:江苏省文化和旅游厅)

译林出版社：坚持两效统一，探索可持续发展之路

译林出版社（以下简称译林社）成立初期的很长一段时间，主要板块聚焦于外国文学。2006年以来，在出版业气象万千、纵横捭阖的改革进程中，译林社始终"坚定出版宗旨，坚守出版理想，坚持出版创新"，秉承正确的出版思想和出版方向，一以贯之地围绕"内容第一、质量第一、出好书第一"，采取一系列深化改革措施，探索出稳健而可持续的发展道路，在将社会效益放在首位的同时，实现出版社会效益和经济效益有机统一。译林社目前已形成涵盖外国文学、华语原创文学、人文社科、英语教育、文化遗产及博物馆等领域的立体出版格局，连续八年位居全国文艺类图书出版单位总体经济规模第一，在全国580多家图书出版单位中居第32位，在地方250多家图书出版单位中位列第12位。自转企改制以来，译林社资产总额、营业收入、利润总额年均增长率分别为19%、11%、15%；首末比分别达到390%、219%、301%。

1 │ 用人机制灵活，搬走"论资排辈"的绊脚石

2006年，以"自由报名、员工投票"的中层管理岗位竞聘为端，译林社敢于动真格，逐步破解原先用人机制上残存的一些僵化守旧的老事业单位陋习，给予广

大青年骨干更多发挥才能的发展平台，充分调动了青年员工的聪明才智，激发了员工积极性和创造力，盘活人才存量，营造人才强企新局面，增强国有资本的价值力、竞争力和控制力。年轻人在改革中涌现出来，对于译林社最近十几年发展，起到关键作用。译林社也因此形成充分尊重并发挥年轻人聪明才智的氛围，为企业的持续发展提供了有力的人才保障。

2 │ 绩效改革激发产品板块拓展

一系列规章制度的制定完善，为译林人才发挥积极性和创造力提供了保障。2009年凤凰出版传媒集团进行薪酬制度改革，译林社第一批试点报名。自此，译林社摒弃工龄工资、职称工资等工资项目，并确定固定薪酬和浮动薪酬的比例基本达到2∶8。员工如果在岗位上不能恪守职责，只能拿到基本工资，多出来的额度会二次分配到表现优异的骨干身上。在此基础上不断完善绩效考核制度，分三阶段细化升级，最终形成月度考核、季度考核加年度业绩考核"三位一体"的立体框架。加入动态考核后的绩效考核制度，既对员工工作行为有了更好的管控，又可让员工工作实际产生的报酬更快地体现在全年各个阶段。译林社绩效考核体系改革后，仍然以部门为考核主体，不会将经营压力直接下压，不把利润指标强行摊派给编辑个体，同时也在不断优化部门考核指标。2018年度各部门考核方案中，社会效益被放在首位进行考量，社会效益和经济效益考核分别占比50%。得益于制度的保障，译林社始终保持正确的出版方向和出版原则，自始至终把做好书、出精品作为工作核心，不断巩固优势产品板块、拓展全新产品板块，持续做强做响出版品牌。

3 | "放管结合"中推进产品线开发

社委会运用管理艺术，敢于放权，充分发挥部门负责人的主动性，调动广大职工的积极性。"放管结合"激发出的活力更多地体现在选题开发上，在策划重大选题时，由社委会领导统筹把握方向、确保导向。在一般选题策划时，由编辑部门和营销部门参与的"联席会议"共同讨论确定选题，再由分管社领导作必要把关。在如此"放管结合"推动下，译林社各编辑部门逐渐形成一种氛围：以更为独到、敏锐和长远的眼光，来落实各细分板块的长线运作、科学运作。各部门负责人也充分发挥主观能动性，注重优化调整选题结构，进一步推动精品出版。近些年通过产品优化，译林社砍掉了一批既不叫好又不叫座的平庸选题，新书单品种的效率和效益得到明显提升。

4 | 围绕战略深化改革

在市场竞争日益激烈的大环境下，译林社能够持续稳健发展，得益于译林社脉准行业发展的趋势和市场变化，在战略层面具备更清晰、更理性的发展目标和思路，切实做到谋定而动。2018年度译林社提出，在当下改革发展的新时代，全社必须全面推进落实内容创新战略、资源聚合战略、融合发展战略、品牌经营战略、渠道细分战略和国际拓展战略六大战略，并努力实现译林出版的专业化、规模化、市场化和品牌化四项工作目标。"六大战略"和"四化目标"恰恰是译林社多年改革发展思路的提炼和精髓。改革创新确保译林社取得了持续健康稳步的高质量发展。到"十三五"末定能成为出版品牌更响、内容创新能力更强、优质出版资源聚合能力更突出、文化影响力和市场号召力更深更广的国有出版品牌强企。

（报送单位：凤凰出版传媒集团）

《现代快报》：制度创新加快媒体融合发展

《现代快报》自 2015 年从新华社划转江苏省委宣传部主管、凤凰出版传媒集团主办以来，坚持正确方向导向，加强体制机制创新，提升发展质量效益，仅一年多就推出了《无人区·52 载守边人》《生态奇迹·塞罕坝》《南京秦淮灯会上演 8 分钟古今热恋！温暖了中国，惊艳了世界》等一批现象级作品，从 2015 年亏损 1400 万到 2017 年实现盈利 260 万，在媒体融合上取得新亮点，在"两效统一"上有新收获。

1 | 再造体制架构，完善采编流程

围绕建设新型主流媒体的目标，报社对组织架构进行了颠覆性的改革。适应媒体深度融合发展要求，实行扁平化的运作，对组织架构进行重组，将原有的部门全部撤销，将纸媒采编中心和新媒体中心两大板块合二为一，将割裂在不同部门中的内容和运营、生产和技术、新媒体和传统媒体的资源整合，成立融媒体运营中心，统筹整个报社的融媒体产品的策划、采编、生产、播发、技术支持和推广运营工作，实现纸媒和新媒体、线上和线下、技术和生产的高效统一与高度协同，彻底改变了纸媒和新媒体"两张皮"的现象。完善采编流程，不区分纸媒记者、新媒体记者，不设置相应部门，把所有记者统一归入"融媒体记者"，从根本上改变了员工对于

自身身份的人为界定，便于完全进入融媒体时代。明确规定记者采写稿件必须首先给各新媒体终端播发，如果不发或迟发，将进行相应的处罚。

2 完善考核激励机制，调动各方积极性

建立健全绩效考核体系，从原先记者以登报稿件计酬的方式，转变为新媒体优先的原则；优化员工薪酬结构，纸媒发稿收入比例逐步降低，从传统媒体与新媒体的权重占比 7∶3 调整为 4∶6，新媒体考核占总权重60%，倒逼传统纸媒从业者加速转型；探索吸引人才、留住人才、用好人才新机制，构建优秀员工回流机制，稳步提升"五险一金"标准，人均薪酬提升 20%。目前，新媒体考核"指挥棒"的效益逐渐显现，"人人都要转型、人人都要创新、人人都是记者、人人都是编辑、人人都是摄像师、人人都是直播主播"的理念内化于心、外化于行，《现代快报》融媒体产品占全部内容产品 70% 以上。

3 发挥市场机制作用，"借船出海"打造平台

针对缺少互联网平台的现状，《现代快报》秉持"不求所有、但为所用"的理念，以资本为纽带，与国内领先的移动资讯商 ZAKER 合作推出"ZAKER 南京"项目，着力把《现代快报》的本地化资源、内容生产优势与 ZAKER 强大的平台能力、互联网思维相结合，实现优势互补、合作共赢。合作后，《现代快报》每年送年轻记者、骨干去 ZAKER 学习互联网生产传播方式，ZAKER 给予思想理念、生产体系变革方面全方位支持，给《现代快报》成功注入了互联网基因，带动了整个报社的转型发展。目前，"ZAKER 南京"已成为江苏三大新闻客户端之一，订阅户 1550 万，日均活跃用户 130 万。《现代快报》凭借"造船出海"为"借船出海"的成功经验，大胆复制，先后与腾讯、梨视频、淘宝头条、优酷、凡

闻等优质互联网平台合作，初步形成平台分发的框架，集聚了新型主流媒体传播渠道、信息用户，形成了新型媒体集群。目前，"ZAKER 南京"、快报微信、快报微博、现代快报网等快报全媒体矩阵总用户数突破 2000 万。

4 | 发展新应用新业态，创新传播方式

《现代快报》一手突出技术优先，广泛运用 H5、直播、视频、音频、VR、电子号外、动慢、E 图等各种新媒体生产手段，生产出丰富多彩的融媒体产品。一手突出移动端创新分发，通过"ZAKER 南京"、快报网、快报微信、快报微博以及其他平台及时传播融媒体产品，实现了新闻生产手段和传播平台的多样化，做到了传播效果的多向性和多轮次。引进网络工程师、技术研发官、流媒体研发工程师、多媒体集成分析师等专业性人才，成立数字产品研发部，不仅承担报社融媒体产品的研发和生产需求，而且对外开展全媒体技术服务外包。采用股权合作模式，与南京大学联合推出"机器人记者快宝"，将智能机器人引入采编队伍，承担采访和直播的职能，创新了媒体报道方式，极大地吸引了用户注意力，收到良好传播效果。

5 | 创新运营模式，向全媒体创意营销供应商转变

报社充分发挥《现代快报》超级品牌 IP 优势，以协同为抓手，以创意营销为手段，通过项目制，分析用户需求，研讨服务全案，整合内外资源，突出创意策划，陆续推出"夜读""City Talk""评果"等一系列叫好又叫座的爆款级营销产品，引发传媒界"创意封面"现象，逐步摸索出一条全媒体创意营销的新路，有效提升了报纸市场竞争力、影响力和整体实力。同时，凤凰出版传媒集团与《现代快报》有效融合，凤凰出版传媒集团将《现代快报》作为集团三大品牌之一重点打造，不

断融通内外书店、出版、人才等资源,在人才、资金方面,支持快报保护好品牌、办好报纸、稳定好队伍,推动集团产业、内容优势与快报品牌、策划优势互补协同,叠加资源、共同发展。

（报送单位：凤凰出版传媒集团）

省广电网络开发"有线宝"探索·融合发展新路径

"有线宝"是集金融服务和有线电视服务于一体的"金融+文化"综合性服务，在行业内首次通过广电网络与银行系统的深入对接和开发，使用户实现一次办理、双重服务。

1 | 创新思路

江苏有线在面临激烈的市场竞争环境下，将金融与文化消费相结合，通过发挥资本优势，提升文化服务能力，与以江苏省农业银行为代表的金融单位跨业合作、深入对接，合作开发了"有线宝"服务。"有线宝"的推出，从创新合作模式看，是公司与银行机构在文化金融领域的创新实践，通过双方服务项目叠加增值，有利于有线电视用户及银行储户的稳定，为双方共同提升服务水平、增强"造血"能力积累经验，是"文化+金融"跨界融合发展的一次探索,打破了江苏有线和银行传统、单一的发展模式，形成了三方多途径、多形式开拓市场的崭新格局；从满足人民群众对美好生活新期待看,"有线宝"通过与银行达成战略合作，将银行资源融入我公司业务经营链条，从而更好的为用户配置资源，降低数字电视行业用户门槛，为广大百姓精神文化消费创造条件，为服务基层、服务全省广大人民群众找到了新的结合点，从而巩固党和政府的舆论宣传阵地。

2 优化服务

在服务内容上，银行提供人民币 3 万、5 万、8 万 3 档（A、B、C 套餐）的一年期定期储蓄服务，用户在获得银行正常一年期储蓄利息（央行基准利率上浮 30%，即 1.95%）的基础上，可再获得江苏有线提供的总存款金额 1% 的"有线电视综合服务"。因此，用户办理"有线宝"的总收益为 2.95%。在服务优势上，一是安全性高。"有线宝"服务的基础是银行普通个人储蓄服务，纳入国家存款保险制度，没有理财服务所需承担的投资风险，用户可以放心购买。二是双重回报。在人民币存款的基准利率上，"有线宝"的存款利息上浮 30%，一年期利益达到 1.95%。同时可再享受价值总存款金额 1% 的"有线电视综合服务"卡，总收益为 2.95%。三是办理渠道多样。支持银行柜面和线上平台（手机银行或微信公众号）两种办理渠道，可根据个人情况选择不同的办理方式。银行针对不同人群的办理需求，提供线上和线下两种办理途径，线下在银行柜面直接办理，线上提供官方微信公众号或手机银行 APP，用户可直接在手机端操作办理。

3 先行先试

2018 年 8 月 8 日，江苏有线与中国农业银行江苏省分行签订合作协议，"有线宝"正式在南京地区试点上线。为做好试点推广工作，省公司加强统筹协调，为试点单位做好服务和支撑。一方面设计制作了海报、折页、宣传片等一系列宣传资料，在开机画面、官微等自有渠道以及地铁等公共渠道进行投放，创造良好营销氛围；另一方面，建立与分公司、银行的联络机制，紧跟试点销售动态，针对试点单位提出的各类问题及时与农行沟通解决，不断完善业务体验。为做好有线宝的落地推广工作，南京分公司作为试点单位，从加强内部组织动员、扩大媒体宣传、紧抓产品营销、制定配套政策等方面开展了工作，取得了良好的成效。自 2018 年 8 月至 2018 年 11 月，有线宝共办理 4765 笔，涉及储蓄金额 1.74 亿元，其中，3 万元套餐 3525 笔，占 74%，5 万元套餐 1019 笔，占 21%，8 万元套餐 221 笔，占 5%。江苏有线充值卡发放 4765 张，完成充值 3115 张，充值率 65%。

（报送单位：江苏省广电有线信息网络股份有限公司）

省文投集团开展职业经理人制度试点

2018年,江苏文投集团研究制定了《江苏省文化投资管理集团有限公司所属企业领导人员组织管理制度》,对集团委派到子公司的产权代表和市场化选聘的子公司领导人员选聘、交流、考核、绩效等方面进行了规范,初步形成体制内通道与市场化通道相衔接的用人机制,消除了人力流动壁垒,提高了人力资源配置效率。集团这一做法,打破了国有企业传统的选人用人机制,充分调动了领导团队的主动性、积极性、创造性,有效激发了企业发展活力,探索出一条既符合国企管理又充分体现市场机制的人才选用模式。

一是既对接体制又衔接市场。集团将子公司的管控层和经营层分开管理,形成分类分层的管理体制。党委书记、董事长、执行董事、财务总监、纪委书记等集团管控层由集团公司依照制度规定向子公司推荐或委派,按产权代表模式进行管理,一般由集团公司内部选拔产生,享受体制内待遇。上述集团管控层之外的管理人员为经营管理层,由集团公司面向市场公开选聘或集团公司内部竞争选聘的所属企业经营管理层成员,参照职业经理人模式进行管理,淡化职级概念,按照"职务能上能下、人员能进能出"的要求,实施劳动合同制和职务聘用制相结合的"市场化通道"选聘方式,按照"三年一周期,首年试用、每年考核、末年终评"的常态化考核聘用办法，聘上有职、解聘无职，真正形成"用业绩说话、靠能力上岗"的竞争、择优机制。这种方式，既有效解决了高端经营管理人才引进问题，让更懂市场、更善经营的优秀经理人运营好管理好企业，也保证公司在集团党委的统一领导下，建立起统一的企业文化，向着统一的集团目标稳步前进。

二是既加强管理又充分授权。《集团全资、控股子公司领导人员组织管理暂行办法》所配套的《集团所属企业经营管理层管理暂行办法》《集团产权代表管理暂行办法》两个子办法，从管理理念上建立起抓大放小的子公司管理模式。通过对公司发展战略等"三重一大"重大决策方面加强制度建设，对党建、纪检、财务、人事等加强管理，让子公司管理团队受到国有体系"有形之手"管理，始终树立责任意识、危机意识、主人翁意识，确保公司始终走在正确道路上。集团在经营、薪酬分配等方面下放权力，保证管理团队经营管理的职责和权限，充分调动团队的主观能动性，面对市场这一双"无形的手"去创造效益，使公司既能平稳发展，又不失活力。

三是既市场定薪又强化考核。薪酬是子公司运营效率的直接反映，总体采用定薪加考核的方式确定。集团管控层月薪由集团公司按原岗级标准兑现，年度绩效工资根据履职尽责情况和任职子公司年度业绩考核总分综合确定；履职内容主要是子公司党的建设及党风廉政情况、意识形态责任制的落实、国有资产保值增值等方面，依法维护国有产权和集团公司的合法权益，代表集团公司行使权利，其综合考核实行集团公司和任职子公司双向考核评价机制。经营管理层采用年薪制，根据市场化标准确定，与年度考核结果挂钩，形成业绩优薪酬升、业绩差薪酬降的动态调整机制；业绩考核采取年度考核与任期考核相结合的方式，使用 KPI 法，通过关键业绩指标、核心工作指标、社会效益指标和执规减分项，对经营管理层经济效益和社会效益两方面进行全面考察，同时将子公司价值导向、社会责任、履行"一岗双责"

等方面的情况纳入考核范围。

（报送单位：江苏省文投集团）

后记

2018年8月，经省委宣传部批准，紫金文创研究院设立《江苏文化改革发展蓝皮书.2019年》（简称《蓝皮书》）课题组，负责编撰《蓝皮书》，协同参与《蓝皮书》编撰工作的单位还有南京大学国家文化产业研究中心。

2018年9月，由省委宣传部牵头各部门和地市宣传部召开编撰工作会议，确定了《蓝皮书》由总报告、行业报告篇、区域篇、文化政策篇、国有文化企业"两效统一"报告、案例篇组成。紫金文创研究院牵头南京大学国家文化产业研究中心组成了撰写班子，两家单位紧密协作、明确分工，组成子课题组，并于2018年12月各部门和单位完成材料汇总和相关数据信息收集，于2019年6月完成了三稿编撰。

由于时间紧、任务重，研究团队在省委宣传部指导和协调下，得到了政府相关部门和省属文化机构的大力支持，各部门和单位提供了大量资料。南京大学国家文化产业研究中心作为紫金文创研究院的协同单位，也参与了《蓝皮书》的编撰工作。参加编撰工作的有顾江、姜照君、贺达、陈鑫、季雯婷、陈亚兰、张苏缘、孙悦、任文龙、王文姬10位老师，负责编撰第二章（第一节、第三节、第八节）、第四章等章节的内容。

由于是首次编撰，难免会挂一漏万，课题组将认真听取意见，在今后的编撰工作中，加强与各部门和单位的沟通，深入基层开展调研工作，努力将《蓝皮书》做好做精，打造为江苏文化建设的品牌。

图书在版编目（CIP）数据

江苏文化改革发展蓝皮书 . 2019 年 /《江苏文化改革发展蓝皮书》编委会编著 . -- 南京：江苏凤凰文艺出版社，2021.11
　ISBN 978-7-5594-6350-0

Ⅰ . ①江… Ⅱ . ①江… Ⅲ . ①地方文化—文化事业—体制改革—研究报告—江苏— 2019 Ⅳ . ① G127.53

中国版本图书馆 CIP 数据核字（2021）第 214897 号

江苏文化改革发展蓝皮书.2019年

《江苏文化改革发展蓝皮书》编委会　编著

责任编辑	张　黎　姜业雨
装帧设计	曲闵民
责任印刷	刘　巍
出版发行	江苏凤凰文艺出版社
	南京市中央路165号，邮编：210009
网　　址	http://www.jswenyi.com
制　　版	南京新华丰制版有限公司
印　　刷	江苏凤凰数码印务有限公司
开　　本	718毫米×1000毫米 1/16
印　　张	17
字　　数	280千字
版　　次	2021年11月第1版
印　　次	2021年11月第1次印刷
书　　号	ISBN 978-7-5594-6350-0
定　　价	98.00元

江苏凤凰文艺版图书凡印刷、装订错误可随时向承印厂调换，联系电话025-83280257